여호와는
해요
방패라

여호와는 해요 방패라

임은미(유니스) 지음

교회성장연구소

오늘 교회와 그리스도인은 수세에 몰려 있습니다. 더 이상 기독교는 매력적인 신앙이 아닙니다. 젊은이들은 그리스도교 공동체를 외면합니다. 과연 우리는 다시 일어나 빛을 발할 수 있을까요? 그리고 몰아치는 적들의 화살 공격을 막아 낼 수 있을까요?

여기 아프리카와 한국, 그리고 온 세상을 좁게 누빈 한 여성 전도자의 메시지에서 그 대답을 찾습니다. 그녀는 여호와가 곧 해요 방패라고 선포합니다. 아무리 구름 낀 하늘이어도 해는 사라지지 않았습니다. 그리고 우리 손에 들린 방패는 녹슬지 않았습니다.

만일 우리가 다시 저 밝은 해를 반사하는 비법을 배운다면 오래전 우리 손에 들려 주신 방패를 사용할 수만 있다면 우리는 전쟁터를 향해 다시 나아갈 수 있을 것입니다. 더욱 치열해지는 영적 전쟁터에 나서는 모든 이들에게 이 한 권의 책을 읽고 무장하고 나가라고 권하고 싶습니다.

함께 전쟁터에 부름받은 동역자, 이동원 목사
(지구촌교회 원로, 국제 코스타 이사장)

제가 만난 하나님의 사람 임은미 목사님은 매일 삶으로 말씀을 살아내는 사람, 말씀의 증인이 되어 살아 있는 말씀 속으로 사람들을 초대하는 사람입니다.

동역자로, 또 친언니 이상으로 오랫동안 교제하며 저는 새 사도행전 29장을 써내려가는 그녀를 보았습니다. 너무나 솔직하고 진솔한 그녀의 삶의 고민과 이야기들은 제게 다시 살아 있는 말씀의 바다로 뛰어들 수 있게 용기와 격려를 주기에 충분했습니다.

이 책을 읽어 내려갈 때, 여러분도 다시 말씀을 살아 내어 믿음의 사람으로 다시 일어나는 새로운 사도행전의 주인공이 될 줄 믿습니다!

송정미 찬양 사역자

여기 있습니다!

예수님이 전부인 사람이 있습니다.

청년이 있는 곳이라면

복음을 전할 수 있는 곳이라면,

삶으로 주님께 영광 바치는 사람이 있습니다.

아프리카 케냐를 비롯해

전 세계 열방 어느 곳이든지

산간오지 미자립 교회 작은 기도 모임에도

달려 나가 주님을 증거하는 사람이 있습니다.

낮은 모습으로

한결같은 삶으로

주님을 증거해 온
바로 그 사람,
임은미 선교사는
주님의 자존심입니다.

정직이 권능인
임은미 선교사의
글에는
성령의 보혈이 흘러넘칩니다.

생명과 치유, 위로와 도전, 사랑과 용서가
『여호와는 해요 방패라』에 담겨져 있습니다.

한 세대는 가고
다음세대가 옵니다.
그 다음세대를 위해
오늘의 하루를
임은미 선교사와 함께
최선 다해 살아가기를 소원합니다.

여호와는 해요,
방패이십니다.

윤학렬 감독

항간에 요즘 젊은이들이 "3포"를 이야기한다고 들었다. 연애를 포기하고 결혼을 포기하고 집을 포기하고…. 왜 그런 말이 나왔을까? 무엇을 그렇게 포기하고만 살아야 하는 것일까?

성경을 믿지 않고 환경을 보기 때문이 아닌가 한다. 성경은 우리에게 어떻게 말씀하시는가?

"여호와 하나님은 해요 방패이시라 여호와께서 은혜와 영화를 주시며 정직하게 행하는 자에게 좋은 것을 아끼지 아니하실 것임이니이다"(시 84:11)

"For the LORD God is a sun and shield; the LORD bestows favor and honor; no good thing does he withhold from those whose walk is blameless."

여호와는 해요!

해가 하는 일이 무엇인가? 밝은 빛을 주는 일이다! 앞길을 밝혀 주는 일! 어두운 길을 밝은 곳으로 인도하여 주는 일! 따스함이 되어 주는 일! 그리고 무엇보다 해는 일정하게 매일 우리들의 아침을 알려 준다! 변함없는 하나님의 사랑, 그분의 인도하심, 그분이 우리 삶을 밝게 비춰 주심을 확인시켜 주는 일을 하는 것이다!

여호와는 방패라!

방패가 하는 일이 무엇인가? 보호해 주는 것이다! 지켜 주는 것이다! 안심 시켜 주는 것이다! 이러한 하나님을 우리가 믿고 살아가는데 3포라는 말을 믿어야 할 것인가? 절대로 그렇지 않다! 나는 이 책을 통하여 여호와 하나님의 '해' 되심과 '방패' 되심이 읽는 모든 이들에게 그대로 소통되기를 간절히 소원한다.

여호와 그분은 우리의 '해'요 여호와 그분은 우리의 '방패'이시다!

임은미(유니스)

목차

 여호와는 해

1부

여호와는 해

여호와 하나님은 해요 방패이시라
여호와께서 은혜와 영화를 주시며
정직하게 행하는 자에게
좋은 것을 아끼지
아니하실 것임이니이다

(시 84:11)

우리와의 만남을
후회하지 않으시는 하나님

견고할 것만 같았던 인간관계가 어느 순간부터 흔들리는 모습을 보게 될 때가 있다. 아무 문제가 없어 보이다가도 서로의 약점 때문에 실망하고 후회하는 모습 역시 종종 본다.

하나님과 우리의 관계는 어떨까? 우리는 흔들릴지언정 하나님은 흔들리지 않으신다. 우리가 배신할지언정 하나님은 끝까지 함께하신다.

하나님은 지금 우리의 연약함을 그대로 품으시는 것은 물론, 완성될 온전한 모습을 미리 알고 계신다. 더 나아가 하나님은 약점도 강점으로 바꾸어 주실 수 있는 능력을 가지신 분이다. 그분은 우리의 미숙함을 하나님과의 관계 안에서 온전한 성숙으로 바꾸어 주실 수 있는 분이다.

분명히 기억하자. 하나님이 그대를 부르심에는 조금의 후회가 없으시다는 것을! 우리의 부족함과 약점을 보시면서도 우리를 기뻐하신다! 우리의 그리스도의 장성한 분량까지 성숙한 모습을 미리 보시면서 우리를 기다리시는 인내의 하나님은 오늘도 우리의 "해"가 되어 주신다.

깨닫는 사랑,
베풂으로 열매 맺는 사랑

둘째도 그와 같으니 네 이웃을 네 자신 같이 사랑하라 하셨으니
(마 22:39)

하나님은 누구든지 사랑하신다. 인류 모두를 위해 예수님이 돌아가신 것 단 하나만으로도 하나님은 모든 사람을 사랑하시는 것에 대한 확증을 분명하게 하셨다. 그러나 그러한 하나님의 사랑을 모든 사람이 다 깨닫고 이해하는가? 그리고 그 사랑을 믿는가? 안타깝게도 그렇지 못하다. 영혼의 구원을 받았는데 정작 그 구원을 받았다는 사실은 깨닫지 못한 채 살아간다.

그렇다면 그 구원의 은혜를 깨달은 사람은 어떻게 살아야 할 것인가? 구원의 열매를 맺어야 한다. 곧 구원받은 자답게 삶에 기쁨이 있는 삶, 이웃을 기쁘게 할 줄 아는 삶, 가난한 자들을 구제할 수 있는 삶을 열매로 맺어야 한다. 만약 우리가

그렇게 살지 않는다면 그것은 영생을 주신 하나님의 사랑을 깨닫지 못했음을 의미한다.

하나님이 가장 기뻐하시는 일은 내 이웃을 내 몸과 같이 사랑하는 것이다. 그런데 이것은 우리가 하나님의 사랑을 깨달을 때에야 가능해진다. 하나님은 우리를 사랑해도 우리가 그 사랑을 깨닫지 못하면 우리는 이웃을 사랑하기가 버거울 수밖에 없는 것이다.

이제 우리는 "이웃을 사랑하게 해주세요!"라고 기도하기에 앞서 "하나님이 얼마나 나를 사랑하는지 깨닫게 해주세요!"라고 기도해야 할 것이다. 나를 향한 하나님의 사랑을 깨달으면 깨달을수록 하나님이 고마울 수밖에 없다. 그리고 고마우면 고마울수록 그 마음을 표현하기 위해 우리는 하나님이 기뻐하시는 일을 해드리고 싶어진다.

질그릇인 내가 가져야 할
유일한 소망

우리가 이 보배를 질그릇에 가졌으니 이는 심히 큰 능력은 하나님께 있고
우리에게 있지 아니함을 알게 하려 함이라
(고후 4:7)

선물상자가 아무리 예쁘다고 해도 그 안에 휴지조각밖에 없다면 그 상자는 가치가 없다. 반면에 대수롭지 않아 보이는 허름하고 찢어진 상자 안에 최고의 보석이 있다면, 그 작은 상자 하나는 비교불가의 가치를 지닌다. 그렇다면 나는 어떤 존재인가? 나는 어떤 그릇이며 그릇 안에는 무엇이 담겨 있는가?

나는 질그릇이다. 그런데 놀라운 사실이 있다. 이 질그릇 안에 보배인 예수님이 계신다. 질그릇이 조금 깨어진들 보배인 예수님만 아름답게 나타날 수 있으면 되는 것 아니겠는가! 내 안의 예수님을 드러내는 것, 이것이 우리의 평생 소원이자 유일한 바람이 되어야 한다.

4

무모하리만치
견고한 하나님의 믿음

나를 능하게 하신 그리스도 예수 우리 주께 내가 감사함은
나를 충성되이 여겨 내게 직분을 맡기심이니
(딤전 1:12)

어떤 사람을 완전히 믿기란 어렵다. 그만큼 서로가 서로를 온전히 신뢰하지 못하는 이 세상이다. 그런데 나를 내 능력의 약함을 아시고도 믿어 주시는 분이 계신다고 한다. 그분은 바로 하나님이시다. 가장 완전한 분이 가장 부족한 나를 믿어 주신다니, 이 얼마나 위험하고도 무모한 일인가? 사람을 믿어 주신다니!

우리만 하나님을 믿는 것이 아니다. 하나님도 나를 믿어 주신다. 직장에서 가장 높은 지위에 있는 사람이 나를 절대적으로 믿어 준다면, 얼마나 든든하겠는가? 하물며 가장 높으신 하나님이 나를 온전히 믿어 주신다고 하니 우리는 우리에게 맡겨진 모든 일들을 넉넉히 행할 수 있다는 것이다!

시간의 주인이 하나님이시기에
가질 수 있는 여유

낮도 주의 것이요 밤도 주의 것이라 주께서 빛과 해를 마련하셨으며
주께서 땅의 경계를 정하시며 주께서 여름과 겨울을 만드셨나이다
(시 74:16-17)

하나님은 우리를 사명 가운데 부르시기만 하는 것이 아니라, 우리가 감당해야 할 일들을 잘할 수 있도록 격려해 주신다. 또한 우리가 하나님 앞에 올려 드리는 것, 그 어떤 수고도 헛되게 하지 않으신다. 행여 우리 눈에는 헛수고로 돌아가는 것 같아 보여도 하나님은 다 기억하시고 하나님의 시간에 적재적소에서 사용하여 주신다. 또한 더디어지는 것처럼 보여도 그 모든 것은 하나님의 예정하신 시간표에 따라 움직여지고 있는 것이다. 그분은 절대로 그분의 계획하신 완전한 시간에서 늦는 법이 없으시다.

그러니 시간에 대한 조바심을 가질 필요가 없다. 시간의 주인은 우리 하나님이시다. 시간의 주인이신 하나님 앞에서 시

간 때문에 전전긍긍하는 것이 무슨 의미가 있단 말인가?

그러기에 우리는 우리의 정한 시간에 우리의 계획을 맞추려고 할 것이 아니라 시간의 주인인 하나님께 우리의 시선을 고정해야 한다. 그래야 삶의 전반에 견고함과 여유가 생긴다.

6

하나님이
선히 여기시는 대로

그러나 그가 이와 같이 말씀하시기를 내가 너를 기뻐하지 아니한다 하시면
종이 여기 있사오니 선히 여기시는 대로 내게 행하시옵소서 하리라
(삼하 15:26)

사무엘하 15장을 읽고 또 읽으면서 다윗이 참으로 훌륭한 리더라는 생각을 해본다. 아들 압살롬에게 배신을 당하고, 반역을 당하고, 쫓김을 당하게 된 다윗 왕…. 그런데 그는 이 와 중에도 다른 사람들을 더 챙긴다. 이때 자신을 따라오겠다는 잇대에게 그 사람의 형편을 생각하여 자기를 따라오지 말라고 한다. 그는 자기 코가 석 자인 상황에서도 상대편에 대한 배려를 먼저 떠올렸다. 그런데 주변 사람들을 향해 보여 준 배려뿐 아니라, 하나님을 향한 고백 역시 우리의 마음을 울린다. "종이 여기 있사오니 선히 여기시는 대로 내게 행하시옵소서."

다윗은 이렇게 험한 일을 당하게 되었을 때에도 "내가 하나님의 기쁨이 된다면…" 이 한 가지만이 그의 마음에 강하게

자리 잡고 있었다. 자기 자신이 생각할 때 가장 좋은 일이라 해도 하나님의 기뻐하시는 일이 아니라면 이루어지지 않아도 된다고 생각했다.

사실 다윗은 이런 시련 앞에서 "하나님, 내가 하나님을 위해 바친 많은 제물들을 기억하여 주시고 제가 지금까지 하나님께 순종한 모든 일들을 기억하사 나를 긍휼히 여겨 주옵소서!"라고 기도해도 된다. 혹은 원망을 섞어 이렇게 기도할 수도 있다. "하나님, 암만 그래도 이건 너무한 거 아닙니까? 내 딸 다말이 강간당했습니다. 그리고 내 아들 암논이 살해당했습니다. 이것으로 충분한 거 아닌가요? 아니 밧세바와의 간음으로 잉태된 아기는 죽었습니다. 이만하면 저의 죗값은 충분한 거 아닙니까? 이제는 아들의 반역입니까? 그러면 앞으로 남은 것은 무엇인가요? 하나님이 선하시다면 이것이 하나님의 선하심을 나타내시는 일입니까? 이건 아니지 않습니까? 세상에 간음죄는 저만 지었습니까? 하나님 너무하시는 것 같습니다!" 이렇게 말할 법도 하다.

그러나 그는 아무런 불평도, 원망도 하지 않았다. 자신의 공로도 하나님 앞에 피력하지 않았다. 그가 하나님께 아뢴 것은 단 한 가지다. "하나님이 나를 기뻐하지 않으시면 종이 여기 있사오니 선히 여기시는 대로 내게 행하시옵소서!"라는 고백 그 하나뿐이었다.

내가 선히 여기는 일들이 아니라 하나님이 선히 여기는 일들이 내 삶에 행하여지기를 바란다고 하는 이 고백! 그 고백을 들으며 하나님을 깊이 사랑한 다윗의 마음을 느껴 본다. 왜 하나님이 다윗을 "하나님의 마음에 합한 자"라고 하셨는지, 왜 그토록 다윗을 사랑하셨는지 하나님의 마음을 조금이나마 헤아릴 수 있을 것 같다. 하나님과 다윗! 실로 서로를 그리워한 사이였던 것 같다.

이조차도 지나가기에
그저 감사할 뿐

내가 누울 때면 말하기를 언제나 일어날까,
언제나 밤이 갈까 하며 새벽까지 이리 뒤척, 저리 뒤척 하는구나
(욥 7:4)

욥기 7장 4절에 나오는 "이리 뒤척, 저리 뒤척"이라는 말이 마음에 와 닿는다. 밤이 새기를 바라는 간절한 마음 즉, 이 일이 곧 지나가기를 간절히 바라는 마음이다. 이런 일은 겪어 보지 않은 사람들은 모를 것이다.

어려운 일을 겪는 사람들에게 주는 위로의 말 중 하나가 "이것도 지나가리라"(It shall pass, too!)라는 것이다. 분명히 지나간다! 어떠한 아픔과 고통의 시간이라 하더라도 지나간다! 그래서 그 시간에서조차도 감사할 수 있다. 감사할 것을 찾으면 분명 감사할 것이 있다. 감사는 능력이고 소망이며, 위로이자 기쁨이다. 그리고 나를 향하신 주님의 선하신 뜻이다.

"이것도 지나가리라."(It shall pass, too)

참고 또 참고
또 참으시는 하나님

여호와는 은혜로우시며 긍휼이 많으시며
노하기를 더디 하시며 인자하심이 크시도다
(시 145:8)

하나님은 많은 주의 백성을 하나님의 자녀로 부르셨다. 그리고 부르신 모든 주의 자녀에게 오늘도 격려해 주신다. 하나님은 칭찬을 아끼지 않으시는 분이다. 화를 급히 내지도 않으신다. 우리의 연약함도 오래오래 참아 주신다. 부르신 것도 감사한데, 참아 주시고 격려해 주시는 일은 실로 놀라운 사랑이 아닐 수 없음을 깨닫게 된다.

우리는 허물 많은 죄인이라고 고백하는 세리처럼 겸손히 고개를 숙이다가도 때로는 바리새인처럼 교만이 넘쳐 의기양양하곤 한다. 그런 우리를 보면서 주님은 또 참아 주신다. 그리고 동행해 주신다. 나의 변덕에도 끄떡없이 사랑을 주시는 분이 바로 우리 하나님이시다.

한낮의 광명 같은
의인의 삶

의인의 길은 돋는 햇살 같아서 크게 빛나 한낮의 광명에 이르거니와
(잠 4:18)

해가 뜨는 모습을 본 적이 있는가? 천천히 떠오르다가 정오의 빛을 발하게 될 때는 그야말로 한낮의 광명이 된다. 서서히 해가 움직이는 모습을 성경은 이렇게 "의인의 길이 돋는 햇살" 같다고 한다. 그러니 강한 빛은 더더욱 강하고 밝은 빛이 된다는 것이다.

우리 의인들의 삶은 갈수록 더 높이높이 더 큰 빛과 힘을 발하는 한낮의 광명이 된다는 말씀에 오늘도 새 힘을 얻는다.

내 삶에 빛이 되신 예수님이 내 삶 안에 계시니 매일 매일 그 빛은 어제보다 오늘, 오늘보다 내일 더더욱 강하고 밝은 빛이 되어 주실 것이다.

우리가 할 일은 힘써
하나님을 사랑하는 것

이스라엘아 들으라 우리 하나님 여호와는 오직 유일한 여호와이시니
너는 마음을 다하고 뜻을 다하고 힘을 다하여 네 하나님 여호와를 사랑하라
(신 6:4-5)

사역에 대한 부담으로 가득 차 있었을 때가 있었다. '더 잘하고 싶은데…. 더 많은 사람이 하나님 앞으로 돌아올 수 있게 해야 하는데….' 그때 성령님께서 나에게 말씀하셨다.

"유니스야! 무엇을 하려고, 어떻게 하려고 그런 것 너무 열심히 생각하지 마라. 네가 할 일은 나를 사랑하는 일이야! 힘써 나를 사랑하도록 하렴. 복음이 전파되어서 사람들이 나를 믿게 되는 것은 내가 할 일이지 네가 할 일은 아니지 않니? 네가 어떻게 사람의 마음을 바꾸겠니? 내가 내 일을 할 테니 너는 너의 일을 하렴. 너는 힘써 나를 사랑하면 돼. 나머지는 내가 할 테니 너는 나를 사랑하도록 하렴! 나를 믿는 것이 곧 나의 일이라고 하지 않았니? 나를 믿는 것이 무엇이겠니? 내가

너를 사랑한다는 것을 믿으라는 거야. 그것이 나를 믿는 것이지!"

"딸아! 나를 힘써 사랑할지니라. 네가 맡은 사역에서 네가 하고자 하는 일들을 내가 하리니 너는 나를 사랑할지니라. 그것이 네가 할 일이야!"

그 말씀을 들으며 울컥했다. 그냥 눈물이 흘렀다. 그래! 내가 딱히 무엇을 할 수 있겠는가! 그리고 속으로 다짐했다. '하나님을 사랑하자! 더 힘써 하나님을 사랑하자!'

그것이 내 평생에 가장 열심히 해야 하는 나의 일인 것이다.

혼자 하는
은밀한 기도의 매력

베드로가 사람을 다 내보내고 무릎을 꿇고 기도하고 돌이켜
시체를 향하여 이르되 다비다야 일어나라 하니
그가 눈을 떠 베드로를 보고 일어나 앉는지라
(행 9:40)

하나님이 하신다 하면 그 어느 것이 불가능하겠는가! 그 믿음을 가지고 있었던 베드로는 이미 죽은 다비다를 심방하러 간다. 그 집에서 베드로는 다비다가 죽어서 누워 있는 다락방으로 인도함을 받는다. 그러니 시체 앞으로 인도함 받았다는 것이다. 병원의 중환자실에서 죽기 전 숨을 헐떡거리고 있는 상황보다 더더욱 가망 없는 그런 상황이다. 그렇게 이미 죽어 버린 시체 앞에 서게 된 베드로!

여기서 성경은 "베드로가 사람을 다 내보내고"라고 기록하고 있다. 그 방에 베드로와 죽은 다비다만 있었던 것이다. 그런데 베드로는 왜 모든 사람을 다 밖으로 내보냈을까? 다 같이 '합심기도' 하자고 해도 모자랄 상황 같은데 왜 베드로는 모

든 사람을 다 밖으로 내보냈을까? 베드로의 마음을 모르지만 이 부분을 내 나름대로 이렇게 추측해 본다.

'사람들 앞에서 기도했다가 다비다가 안 일어나면 굉장히 민망하지 않을까? 그러니 혼자 기도해 보는 게 낫지 않을까?'

나 역시 어떤 기도 제목은 다른 사람한테 나누지 못하고 주님한테만 이야기하는 것이 있다. 그 이유 중 하나는 '혹시 이 기도대로 안 되면 어쩌지?' 하는 생각 때문이다. 또 하나는 기도 제목 자체가 남들이 듣기에 좀 황당한 것도 있기 때문이다. 나는 그 기도가 내가 생각한 대로 응답이 되든 안 되든 크게 실망하지 않지만, 내가 함께 기도하자 해놓고 그 일이 안 되었을 때 누군가는 크게 실망할 수도 있다. 그런 모습을 생각해 볼 때 베드로의 상황이 이해가 간다. 모든 사람을 다 내보내고 혼자 주님께 올리는 기도…. 아마 누구에게나 그런 기도 제목이 있을 법하다.

그러고 보면 이런 기도, 저런 기도를 다 할 수 있어 너무나 감사하다! 같이 기도할 수 있는 기도 제목이 있어 감사하고, 다 내보내고 혼자 기도할 수 있는 기도 제목이 있어 감사하고!

특히 혼자서만 은밀히 기도하다가 응답되면 마치 시체가 눈을 뜨고 벌떡 일어나는 모습을 보듯 깜짝 놀랄 만하다. 그

나름대로의 묘미가 있다. 그래서인지 오늘도 기대해 본다.

"주님! 그렇게 깜짝 놀랄 만한 기도의 응답 계획해 두신 것 있으시죠?"

날 위해 한순간도 쉬지 않고
기도해 주시는 분

그러므로 자기를 힘입어 하나님께 나아가는 자들을
온전히 구원하실 수 있으니 이는 그가 항상 살아 계셔서
그들을 위하여 간구하심이라
(히 7:25)

누군가 나를 위해 기도해 주는 것은 감사한 일이다. 하지만 이 세상에서 나를 위해 기도해 주는 사람이 단 한 사람도 없다 해도 낙망할 필요가 없다.

지금 이 순간, 예수님이 나를 위해 기도해 주고 계시기 때문이다. 우리를 위해 24시간 쉬지 않고 기도해 주시는 예수님이 모든 그리스도인들과 함께하신다.

나를 위해 기도해 주는 부모가 있다는 것이 든든함이라면, '나를 위해 죽으시고 내 이름을 손바닥에 새겨 놓고 24시간 쉬지 않고 기도해 주시는 예수님'이 나와 함께하신다는 것은 더 큰 든든함이요 더 큰 능력이 되는 것이다.

매일을 복된 날로
만들 수 있는 비결

창세기 1장을 묵상할 때 "하나님이 우리 인간을 창조하신 목적이 복을 주시기 위함이구나."라는 생각을 하게 된다. 그리고 창세기 2장을 묵상할 때는 '하나님이 복을 주시는 날'에 대한 생각을 하게 된다. 특히 하나님은 안식일을 복되게 해주셨기 때문에 그날을 거룩하게 만드셨다고 했다. 다시 말하면 '거룩하게 사는 날'은 곧 '복된 날'이라고 적용할 수 있는 것이다.

복을 받고 싶은가? 나의 매일이 복된 날이 되기를 원하는가? 그러면 복 받고 싶은 그날그날을 거룩하게 살면 된다.

그러고 보면 우리 인생 가운데 매일 복 받고 살아가는 비결은 너무나 단순하다. 하나님이 하라는 것 하고, 하지 말라는 것 하지 말고, 가라는 곳 가고, 가지 말라는 곳 가지 않고, 마시라는 것 마시고, 마시지 말라 하면 마시지 않고, 하라고 하는 말은 하고, 하지 말라고 하는 말은 하지 않고…. 하나님이 만든 우리의 삶은 복잡하지 않다. 복된 날을 원한다면 오늘도 거룩하게 살면 된다.

거룩이란 무엇인가? 세상의 것과 구별되는 것이다. 세상 것이 무엇인가? 안목의 정욕, 육신의 정욕, 이생의 자랑이다. 이런 것은 다 세상으로부터 좇아온 것이다. 이러한 것에 '노예' 가 되는 삶을 살지 않으면 바로 그날은 복된 날인 것이다.

복의 통로로
살아간다는 것은

너를 축복하는 자에게는 내가 복을 내리고 너를 저주하는 자에게는
내가 저주하리니 땅의 모든 족속이 너로 말미암아
복을 얻을 것이라 하신지라
(창 12:3)

우리 그리스도인의 정체성은 '그리스도의 향기!', '그리스도의 편지!', '복의 통로!'이다. 그리스도인들은 서로를 위해 기도해 주는 것이 습관이 되어 있는 사람들인 만큼, 우리가 속한 어떤 공동체에서도 우리는 '복의 통로'가 될 수밖에 없는 것이다. 그러나 그것을 믿고 선포하고 살아가는 사람들이 있고 그 것을 몰라서 그냥 미적미적 사는 사람도 있다.

내가 가는 모든 곳에서, 내가 만나는 모든 사람에게 "나는 복의 통로다!"라고 선포하면 그 하루가 활기차다. 하루를 밝게 시작할 수 있다. 그런데 '내가 살아 있어 민폐다.' 이런 생각을 하거나 '나는 죽어야 해. 그래야 이웃들이 편해. 내가 없어져야 돼.' 이런 생각을 갖고 살면 그 하루는 내내 어둡다. 그런

40 | 여호와는 해요 방패라

생각은 다 마귀의 거짓된 속임수인 것이다. 그런 생각이 조금이라도 들어오면 당당하게 물리쳐야 한다. 예수의 이름으로 "물러가라" 하고 담대하게 대적해야 하는 것이다.

그리고 반대로 "나는 생명의 향기", "나는 복의 통로"임을 선포하면서 매일을 살아야 하는 것이다.

우리 가문은
'만왕의 왕'의 가문

그런즉 누구든지 그리스도 안에 있으면 새로운 피조물이라
이전 것은 지나갔으니 보라 새 것이 되었도다
(고후 5:17)

'금수저' 가문에 태어나지 못한 것을 한탄하는 모습, 다른 이들과 비교하며 자신이 갖지 못한 것에 대해 억울해 하는 모습은 참으로 어리석은 것이다. 시간 낭비다. 또한 조상대대로 내려오는 '기독교 가문'을 자랑하거나 부러워하는 것 역시 큰 의미가 없다. 특히 자신이 집안에서 예수 믿는 1대기 때문에 '고난이 많고 예수 믿는 가문의 뿌리가 약하다'는 등의 이야기를 듣는 사람들이 있는데, 그런 말도 귀담아들을 필요가 없다.

그런 생각을 하기보다는 '만왕의 왕의 가문'에서 내가 누릴 수 있는 복과 특권들이 무엇인지 알아야 한다. 예수 그리스도를 믿고 따름으로써 주어진 이루 말로 다 할 수 없는 특권들을 아는 것이 더 중요하다는 것이다.

예수님 믿고 난 다음 우리는 '새로운 피조물'이라는 정체성을 갖게 된다. 세상적으로 어떠한 배경을 가지고 태어났든지 간에 우리는 '하나님의 가문'에 입양되었다. 특히 예수 그리스도의 순종으로 말미암아 우리의 복은 이 땅에서 국한되는 것이 아니라 하늘나라 영원까지 이어진다. 실로 놀라운 복이 아닐 수 없다. 이 땅에서의 영화로 끝나는, '금수저'라는 배경과는 비교조차 할 수 없는 복을 우리는 누리게 된 것이다.

예배 VS. 야긴과 보아스
기둥의 뜻

이 두 기둥을 성전의 주랑 앞에 세우되 오른쪽 기둥을 세우고
그 이름을 야긴이라 하고 왼쪽의 기둥을 세우고
그 이름을 보아스라 하였으며
(왕상 7:21)

예루살렘 성전 앞에 세워 둔 두 기둥! 야긴과 보아스! '야긴'은 "그가 세우리라"라는 뜻이고 '보아스'는 "그에게 능력이 있다"라는 뜻이다. 그러니 이 두 기둥은 무엇을 상징하는가? 예배드리러 오는 사람들의 마음이 어떠해야 하는지에 대해 가르쳐 주는 기둥이라고 할 수 있겠다.

예배드리러 올 때 답답하고 울적하고 혼동되고 힘이 없더라도 "야긴"이라는 글이 있는 성전의 기둥을 보면 힘을 얻을 수 있는 것이다. "아, 그래. 내가 지금 이렇게 힘이 없어도, 내가 지금 이렇게 외로워도, 내가 지금 이렇게 인생이 어려운 일로 얽히고설켜도, 하나님이 나를 세워 주실 거야! 하나님이 나를 굳세게 일으켜 주실 거야! 하나님이 나의 이 어려움에서 나

를 능히 세워 주실 거야!"

보아스도 마찬가지다. "그에게 능력이 있다"라는 말 앞에서 힘을 갖게 된다. 하나님의 능력이 내 능력이라고 믿게 된다. 하나님이 도와주실 그 능력에 대하여 믿음을 갖게 된다는 것이다.

이와 같이 예배를 통하여 우리는 '회복'을 경험한다. 이제 예배드리러 나올 때 성전 기둥에 있는 "야긴"과 "보아스"를 읽자. "하나님이 나를 세우시리라!" "하나님에게 있는 그 능력을 나에게 입혀 주시리라!" 진정한 예배는 새 힘을 얻게 한다. 그것이 바로 참된 예배의 능력이다.

내 삶이 온전한 예배가 되려면 매 순간 스스로에게 야긴과 보아스의 뜻을 마음에 새기면 된다. 공식적인 예배의 자리에서만이 아니다. 삶에서도 끊임없이 야긴과 보아스의 두 기둥의 말씀을 번갈아 보자. 그러면서 삶의 예배를 드리자.

이웃의 아픔에
귀 기울이게 하시는 복

제사장 아론의 자손에게 준 것은 살인자의 도피성 헤브론과
그 목초지요 또 립나와 그 목초지와
(수 21:13)

나는 얼굴과 얼굴을 마주하면서 어려운 이야기를 듣기도 하지만 각종 상담 메일과 메신저, 문자, 그리고 그밖에도 이런저런 통로를 통해 어려운 이야기들을 듣게 된다.

이러한 '들음'을 내가 피곤해했다면, 혹은 어려워하거나 부담스러워했다면 난 지금 하는 사역을 잘 해낼 수 없었을 것이다. 물론 나 역시도 때로는 도망가고 싶을 때가 있다. 아무 이야기도 듣고 싶지 않을 때가 있고 로뎀나무 아래서 두 팔과 두 다리를 쭉 뻗고 쉬고만 싶을 때도 있다. 그러나 아론 자손이 받은 복이 무엇인가? '들어야 하는 일'이 바로 아론 자손의 복이었던 것이다.

우리는 남들이 하는 말을 듣는 것이 피곤한 일이라고 생각

하기 쉽다. 특히 딱한 이야기, 어려운 이야기, 억울한 이야기를 들을 때는 듣는 이의 마음이 무겁고 부담스러우니 기피하고 싶을 만하다. 이러한 '들음'이 쉬운 사람은 없을 것이다.

그러나 하나님은 이 도피성을 아론 자손에게 복이 되는 분깃으로 주셨다. 아무에게나 도피성을 주신 것이 아니다. 그런 차원에서 도피성은 저주가 아니다. 도피성은 하나님이 복으로 아론 자손에게 갖게 한 소유다. 그 사실을 우리가 안다면 우리는 이웃의 아픔을 넉넉히 "들어 주는" 사람들이 되는 것이 기쁨이 될 것이다.

나 한 사람에게 허락하신
부르심을 안다는 것

죽은 자들로 자기의 죽은 자들을 장사하게 하고
너는 가서 하나님의 나라를 전파하라
(눅 9:60)

예수님을 따라나서겠다고 했지만 집으로 돌려보낸 사람이 있고, 죽은 아버지를 장사 지내고 주님을 따르겠다는데 "죽은 자들로 자기의 죽은 자들을 장사하게 하고 너는 가서 하나님의 나라를 전파하라"(눅 9:60)고 말씀하시며 주님을 따라오라고 부르신 사람이 있다.

노아는 전 인류가 망할 때에 자기 가족만 구원하는 데 도구가 된 부르심이었고, 사무엘은 온 나라의 백성을 하나님께로 인도하는 데 평생을 보냈으나 정작 그의 아들들은 패역한 아들들이라고 불렸다.

세배대의 아들 야고보와 요한은 둘 다 예수님이 마신 잔과 세례를 받을 수 있다고 고백했다. 그러나 야고보는 사도 중 첫

순교자로 부르심을 받았으나, 요한은 끝까지 살아서 주의 복음을 전파하는 부르심을 받았다.

복음을 전파하다 옥에 갇힌 베드로와 바울을 생각해 보자. 옥문이 열렸을 때 베드로는 밖으로 나가서 믿는 지체들을 만나는 부르심에 순종했고, 바울은 옥문이 열렸음에도 옥에 남아 간수를 전도하는 부르심에 순종했다.

오늘 나의 부르심이 무엇인가?

다른 이들의 부르심과 나의 부르심을 비교하지 말고 나 한 사람에게 허락하신 부르심을 알고 기쁘게 순종하자!

사랑하는 자녀의 의견을
존중해 주시는 하나님

역대하 18장에서 하나님은 천사들과 함께 대화를 나누신다. 이스라엘의 악한 왕 아합에게 벌을 내릴 것인데 아합을 어떻게 죽게 만들 것인지, 그 계획에 대해 이야기하고 계신 것이다. 이 말씀에서 "하나는 이렇게 하겠다 하고 하나는 저렇게 하겠다"라는 구절이 나오는데, 영어로는 "One suggested this, and another that."(NIV)이다. 이 말은 "이런 제의도 하고 저런 제의도 했다"는 것이다.

사실 어떻게 보면 하나님은 그냥 하늘에서 번개를 내리시거나, 아니면 병을 걸리게 하는 식으로 충분히 그분이 뜻하시는 벌을 내리실 수 있다. 그럼에도 불구하고 하나님은 만군에게 물어보신다. 그리고 만군은 그런 과정에서 하나님께 이런저런 제의를

했다는 것이다. 하나는 "이렇게 하겠다." 하고, 하나는 "저렇게 하겠다." 하고.

이 말씀을 읽으면서 하나님이 우리에게 의견을 물어보시는 분이란 사실에 주목하게 된다. 하나님은 무조건 독재하는 분이 아니시다. 하나님의 뜻을 이루어 가시는 과정에서 우리에게 물어보기도 하시는 하나님인 것이다.

그렇다면 우리는 하나님께 이렇게, 혹은 저렇게 제의를 할수도 있다는 이야기가 된다. 하나님이 이 길을 가라고 하셨다해서 꼭 그 길을 가야만 하는가? 그것이 안 될 것 같으면 주님께 제의하는 것이 비성경적인가? 그렇지 않다.

아브라함도 하나님과 이야기하지 않았던가? 성에서 의인 몇 명을 찾으면 성을 멸망하지 않겠다고 하신 말씀! 아브라함은 계속 숫자를 줄이고 줄이다가 10명에서 멈춘다. "아브라함이 또 이르되 주는 노하지 마옵소서 내가 이번만 더 아뢰리이다 거기서 십 명을 찾으시면 어찌 하려 하시나이까 이르시되 내가 십 명으로 말미암아 멸하지 아니하리라"(창 18:32) 만약 아브라함이 "1명이라도 발견하시면"이라고 말하면서 성이 멸망되는 것을 막으려 했다면 어떠했을까? 하나님이 그 또한 들어주셨을지도 모른다. 하나님은 그런 분이시다. 우리의 의견을 들으시는 그런 좋은 하나님이시다.

배려, 때로는 시선을
돌릴 줄 아는 것

그들이 묻기를 마지 아니하는지라 이에 일어나 이르시되
너희 중에 죄 없는 자가 먼저 돌로 치라 하시고
다시 몸을 굽혀 손가락으로 땅에 쓰시니
(요 8:7-8)

음행하다 잡혀 온 여인을 똑바로 보면 그 여인이 너무 수치
스러워 할까 봐 긁적긁적 땅에 무엇인가 글을 써서 여인의
눈길을 피해 주시는 예수님의 배려…. 이처럼 우리가 너무나
완전하신 주님을 바라보기 힘겨울까 봐 때로는 주님이 멀리
다른 곳을 보고 계시는 때는 없을까?

우리는 이러한 예수님을 보면서 무엇을 배우는가? 아니 무
엇을 배워야만 하는가? 내 형제, 자매의 치부를 다 아는 것이
그렇게 당당한 일일까? 잘못된 것은 무조건 다 고쳐 주어야
하는 것이 과연 대수일까?

내 형제, 자매가 너무 부끄러운 일을 당했다고 한다면 나는
그 일을 모르는 척하며, 땅바닥에 긁적긁적 낙서를 해야 하는

듯한 모습을 보여 주어야 할 때는 없을까? 죄를 죄로 여기지 않아야 한다는 이야기가 아니다. 죄인의 수치를 가려 줄 수 있는 배려의 마음을 우리 주님으로부터 배울 수 있어야 함을 나는 이야기하고 싶다.

기도의 내용 VS. 기도자의 태도

이는 우리가 전에 왕에게 아뢰기를 우리 하나님의 손은 자기를 찾는
모든 자에게 선을 베푸시고 자기를 배반하는 모든 자에게는 권능과 진노를
내리신다 하였으므로 길에서 적군을 막고 우리를 도울 보병과 마병을
왕에게 구하기를 부끄러워 하였음이라
(스 8:22)

에스라 8장 22절 말씀을 나는 느헤미야의 기도와 함께 비교
해 보고 싶다. "내가 또 왕에게 아뢰되 왕이 만일 좋게 여기시
거든 강 서쪽 총독들에게 내리시는 조서를 내게 주사 그들이
나를 용납하여 유다에 들어가기까지 통과하게 하시고"(느 2:7)

에스라와 느헤미야는 둘 다 하나님이 귀히 쓰시는 종들이
었다. 그런데 기도 내용을 보면 차이가 나타난다. 에스라는 하
나님의 은혜를 구하며 기도할 당시, 자신이 보호받을 수 있는
왕의 조서를 부끄럽게 여겼다. 그래서 조서 없이 나아갈 수 있
도록 구하였다. 반면에 느헤미야는 왕에게 조서를 구해서 그
조서로 인해 왕의 보호를 받고자 했다. 그리고 이것을 하나님
의 은혜로 여겼다.

실제로 두 사람의 기도 방법은 전혀 달랐지만, 하나님은 두 사람의 기도에 모두 응답하셨다. 하나님을 사랑하고 인정하고 신뢰하는 느헤미야와 에스라의 마음은 동일한 것이었기 때문이다.

우리는 살아가는 동안 시시때때로 '선택'이라는 것을 하게 된다. 특히 주어진 환경과 처지에 따라 다른 선택을 하게 될 때가 많다. 기도하는 방식이나 내용 역시 이에 따라 다르게 선택하게 되곤 한다. 그런데 환경에 따라 다른 방식으로 기도했다고 해서 하나님이 차등을 두지는 않으신다. 하나님은 기도 내용이나 방법보다 기도하는 그 사람의 마음에 더 주목하신다. 어떤 선택이든지, 중요한 것은 하나님을 향한 내 마음의 중심인 것이다.

내 마음 가장 깊은 뜻을 늘 헤아려 주시는 하나님에게 오늘도 기도로 나아갈 수 있음이 감사하다.

진짜 사랑을 알게 하는
방법과 순서

주린 자에게 네 심정이 동하며 괴로워하는 자의 심정을 만족하게 하면
네 빛이 흑암 중에서 떠올라 네 어둠이 낮과 같이 될 것이며
(사 58:10)

우리 삶에 힘든 일이 있을 때 무작정 기도만 하는 것, 무작정 말씀만 읽는 것만이 필요한 것은 아니다. 때로는 좋은 음식도 필요하고 단 음료수도 필요하다. 인간이기에 오히려 그런 것들이 더 필요할 수 있다. 특히 누군가를 통하여 나에게 필요한 것이 공급되면 마음에 즐거움이 생기게 된다. 예기치 못한 배려와 도움에 큰 감동과 힘을 얻을 수 있는 것이다.

누군가 우울하다고 했을 때 무조건 기도하라고 강요만 한다면 어떻겠는가? 말씀만 계속 읽으라고 한다면 어떻겠는가? 그 사람만의 책임이라고만 하면서 이것저것을 강요한다고 해서 과연 그가 쉽게 회복되겠는가?

우리는 오히려 그 사람의 필요를 채우는 데에 먼저 관심을

가질 필요가 있다. 그 사람을 위해 맛있는 음식을 사줄 수 있어야 하고, 커피라도 한잔 하자고 말할 수 있어야 한다. 그 사람의 필요한 것을 잘 살펴보고 부족한 것이 발견되었다면 바로 내가 그것을 조금이라도 채워 줄 수 있어야 하는 것이다. 즉, 지금 그들에게 필요한 것은 하나님의 사랑을 실질적인 노력을 통해 보여 주는 것이다. 그들은 지금 이런저런 설교보다 그런 관심과 베풂에 더 목말라한다. 지극히 작지만 실제적인 노력이 담긴 사랑을 더 갈구한다.

그렇게 필요를 조금이나마 채워 주면서 이렇게 말을 건네면 어떨까? "근심하지 마세요! 하나님이 새날을 주셨으니 당신을 도와줄 것입니다! 하나님의 말씀을 붙잡으세요! 하나님의 말씀에 이런 말씀이 있습니다."

기도하라고 명령하기보다 "제가 그대를 위해 기도해 주겠습니다!"라고 말하는 것이 그들에게 더 필요한 위로의 말이 될 것이다.

어제도, 오늘도, 내일도, 모레도
계속되는 주의 인자하심

주의 인자하심을 "계속" 베푸신다는 말씀에 가슴이 설렌다. 그래! 계속이다. 한 번이 아니라, 계속이다. 이전에 도와주셨던 하나님은 오늘도 도우시고, 오늘 도우신 하나님은 내일 계속해서 도와주신다. 내일 도와주시는 하나님은 모레 또 계속해서 도우신다.

심지어 이 땅에서의 한평생만 도와주시는 것이 아니라 영원까지도 나와 함께하시면서 나에게 주의 인자하심을 계속 베풀어 주실 것이다. "계속"이라는 그 말씀 하나만 붙들어도 우리는 걱정이 없다. 계속 계속 여호와는 우리를 도와주신다!

하나님에 대해 아는 사람 VS.
하나님을 아는 사람

여호와여 주의 이름을 아는 자는 주를 의지하오리니
이는 주를 찾는 자들을 버리지 아니하심이니이다
(시 9:10)

"주의 이름을 아는 자"란 어떤 존재를 말하는가? 우선 '하나님에 대해서 얼마만큼 알고 있는가'와 '내가 하나님을 안다'는 것은 서로 다른 차원임을 알아야 한다. 성경지식이 많이 없어도, 그야말로 말씀을 "쪼개는" 능력이 없어도 매사에 하나님을 의지하는 사람은 하나님을 아는 사람이다. '하나님에 대하여 아는 사람'이 아니라 '하나님을 아는 사람'인 것이다.

이런 사람은 하나님을 알기에 딱히 걱정할 것도, 불안해할 것도, 두려워할 것도 없다. 나를 책임져 주실 하나님을 아는데, 무엇이 문제란 말인가? 이처럼 매사에 하나님을 내가 의지하느냐, 하지 않느냐를 통해 내가 하나님을 아는 사람인지, 아닌지를 알 수 있다.

오라는 데까지 왔구나.
그만하면 됐다!

우리의 가축도 우리와 함께 가고 한 마리도 남길 수 없으니
이는 우리가 그 중에서 가져다가 우리 하나님 여호와를 섬길 것임이며
또 우리가 거기에 이르기까지는
어떤 것으로 여호와를 섬길는지 알지 못함이니이다 하나
(출 10:26)

하나님의 뜻인 줄 알고 간 길이 있다. 하나님 뜻이라 굳게 믿고 행한 일도 있고 누군가에게 무엇인가를 베푼 일들도 있다. 그런데 막상 결과가 안 좋을 때가 있다. 그런데 이런 결과가 있다고 해서 우리가 주님의 뜻을 행하지 않은 것으로만 생각해서는 안 된다.

주님께서 보시고자 한 선이 "거기에 이르기까지" 곧, 거기까지기 때문이다. 그러기에 결과에 연연할 필요는 없다. 알고 있는 하나님의 뜻에 순종한 것만으로 만족하면 된다.

사람들은 결과를 본다. 그래서 합격이냐, 불합격이냐, 성공이냐, 실패냐 하는 것을 살핀다. 그러나 주님은 이렇게 말씀하

신다. "오라는 데까지 왔구나? 그만하면 됐다!"

순종! 거기까지였던 것이다.

변화 속에서도 변하지 않는
한 가지 사실

내가 두려워하는 날에는 내가 주를 의지하리이다
(시 56:3)

삶 속에서 두려움을 경험할 때가 있는가? 앞날에 대한 알
수 없는 불안감? 나의 능력에 대한 불안감? 사람들이 나를 향
해 가질 법한 실망감?

내 딸 수진이가 미해군장교 시험을 준비하며 많은 분으로
부터 기도와 응원을 받은 적이 있었다. 감사하게도 시험에 붙
었지만 수진이는 계획이 바뀌어 다른 진로를 택하게 되었다.
수진이는 자신을 응원해 주고 기도해 주고 믿어 준 분들을 떠
올리며 막연한 두려움이 있었던 것 같다.

자신에 대해 실망을 느끼면 어쩌나, 그토록 믿어 주고 기도
해 주었는데 이 길을 가지 않겠다고 결정을 내렸으니 너무 미
안해서 어쩌나…. 하는 걱정들 말이다.

나는 그때 수진이에게 이런 말을 했다.

"수진아, 사람들이 너를 도와준 것은 네가 해군장교가 되어야 하기 때문이 아니야. 너를 사랑하기 때문이야. 너의 결정 때문에 너를 사랑한 것이 아니라 너를 사랑하기 때문에 너의 결정을 존중해서 지금까지 도와준 거지. 그러니 네가 해군장교 되고 안 되고는 중요하지 않아. 그것이 너를 향한 실망의 기준은 아니라는 거야. 네가 잘되는 것이 너를 도와주는 사람들의 진심이니까!"

우리가 하나님의 마음을 안다면, 내 딸 수진이에게 말해 준 것처럼 많은 불안감이나 걱정으로부터 자유해질 수 있을 것 같다. 나를 향한 하나님의 선하신 계획을 알고 믿는다는 것, 그리고 그 계획에는 변함이 없으시고 하나님은 하나님의 방법으로 나를 인도해 가고 계신다는 것…. 이 전제를 알면 내 삶에서 일어나는 예상치 못한 일들 앞에서도 불안해하지 않을 수 있다. 그 상황에서 사람들의 시선 역시 의식하며 걱정할 필요가 없다는 것이다.

나를 좋아해 주고 아껴주는 사람들도 나의 계획에 대한 성취 유무보다 나 자체를 아껴주고 응원해 주는데, 하나님은 얼마나 더하시겠는가? 우리는 이런 과정 속에서 하나님의 사랑을 더 알아가는 기쁨을 얻게 된다. '우리가 무엇이 되는가?' 하는 것보다, 모든 삶의 과정에서 '하나님이 얼마나 나를 사랑하시는가?' 하는 것을 깨달아 가는 것은 더 중요하다고 하겠다.

지금 어떤 자리에 있든지,
풍부한 자리로 이끄시는 나의 하나님

하나님이여 주께서 우리를 시험하시되 우리를 단련하시기를
은을 단련함 같이 하셨으며 우리를 끌어 그물에 걸리게 하시며
어려운 짐을 우리 허리에 매어 두셨으며 사람들이
우리 머리를 타고 가게 하셨나이다 우리가 불과 물을 통과하였더니
주께서 우리를 끌어내사 풍부한 곳에 들이셨나이다
(시 66:10-12)

　　본문 말씀처럼 내 삶 가운데서 단련 받은 영역이 있는가?
내 삶 가운데서 "그물에 걸렸다"라고 여겨지는 부분, "어려운
짐이 내 허리에 매어져 있다"고 생각된 부분들이 있는가? "사
람들이 내 머리를 타고 간다"는 느낌이 든 적 있는가? "불을
통과했다", "물을 통과했다"는 생각이 들 정도로 힘든 일을 경
험한 적이 있는가? 이 구절들은 그야말로 구구절절 어려운 상
황들을 상상하게 한다. 세상에서 당할 만한 모든 어려운 일들
이 함축되어 표현되어 있다.

　　중요한 사실은 이러한 모든 일을 허락하신 분이 계시다는

것이다. 그런데 그분이 우리를 마지막으로 인도하는 곳이 어디인가? 바로 "풍부한 곳"이라는 거다. 어쩌면 우리 모든 사람의 마음속 깊은 소원은 '풍부한 곳에 이르는 것'이 아닐까? 물론 사람들마다 '풍부한 곳'에 대한 의미는 다를 수 있다. 어떤 사람은 세상 사람들이 쉽게 떠올릴 수 있는 물질적 풍부함을 떠올릴 것이고, 어떤 사람은 세상 사람들이 이해 못할 영적인 풍부함을 떠올리게 될 것이다.

중요한 것은 아무것도 가진 것이 없는 사람이나, 반면에 모든 것을 가진 사람이라도 주님만을 바라보아야 한다는 것이다. 내가 가난하기 때문에 하나님이 필요한 것이 아니다. 내가 부해도 나에게는 하나님이 필요하다. 내가 없기 때문에 하나님이 내 모든 것이 되시는 것이 아니다. 내가 모든 것을 가지고 누려도 역시 하나님은 내 모든 것이 되신다. 세상적으로 부를 갖지 못한 사람만 하나님을 찾고 부를 얻을 수 있는 것이 아니라, 부를 가진 사람에게도 하나님은 모든 것이 되어 주신다. 아파야만 하나님을 찾는 것이 아니다. 건강해도 하나님은 필요하다. 가난해도, 부해도, 관계가 어려워도, 관계가 좋아도 우리 모두에게 하나님은 유일한 신이시고 가장 중요한 분이시고 우리의 모든 것이 되시는 분이다.

그러기에 하나님이 나를 '풍부하심으로 인도하신다'는 것은 우리 모든 믿는 자들의 동일한 고백이 되는 것이다.

내 입술의 표현 하나하나가
영광스러운 표현이 되기를

하나님의 성이여 너를 가리켜 영광스럽다 말하는도다 (셀라)
(시 87:3)

본문 시편 87편 3절 말씀을 영어성경으로 보면 "Glorious things are said of you,"(NIV)라고 나와 있다. 다시 말하면 "너에 대하여 말한 것들은 영광스러운 것들이다!"라는 것이다. 하나님도 우리를 영광스러운 존재로 바라보시는데 우리는 과연 얼마만큼 하나님께 영광을 돌리며 시간을 보내고 있는가?

이모티콘 중에 내가 자주 쓰는 것이 "주께 영광 돌립니다"라고 쓰여진 이모티콘이다. 이 이모티콘을 쓸 때 스쳐 지나가는 생각이 있다. 이 땅에 살다가 하늘로 올라가면 그동안 우리가 한 모든 말들에 대한 기록이 있을 텐데 "주께 영광 돌립니다."라는 말을 가장 많이 한 사람은 누구일까? 그리고 나는 "주께 영광 돌립니다."라는 이 말을 다른 사람들에 비하여 과연 얼마만큼 더 사용하고 있을까?

그러면서 신나는 상상을 해보기도 한다. "'주께 영광 돌립니다.' 이 말을 가장 많이 한 사람!"이라고 천사가 말하고, 이어서 내 이름이 불려지고 "앞으로 나오세요!"라고 하면 얼마나 흥분될까? 거기에 "'감사해요'라는 말을 제일 많이 사용한 사람 앞으로 나오세요!" 하는데 또 내 이름이 이어서 호명된다면?

언제 어디서 어떤 말을 하더라도 표현 하나하나가 하나님께 영광이 되고 다른 사람들에게도 덕이 될 수 있기를 기도한다.

완전하신 하나님에 대한 기억

죽은 자 중에 던져진 바 되었으며 죽임을 당하여
무덤에 누운 자 같으니이다 주께서 그들을 다시 기억하지 아니하시니
그들은 주의 손에서 끊어진 자니이다
(시 88:5)

나는 사람들에게 어떻게 기억되고 있을까? 나를 기억하면 인상이 찌그러질 수밖에 없는 그런 사람들이 있을 수도 있고 마냥 기쁨이 충만하게 되는 그런 사람들이 있을 수도 있다. 그런데 모든 사람의 기억 속에 내가 좋은 사람으로 남을 수 있을까? 그것이 삶의 목표여야 할까? 나는 그렇게는 생각하지 않는다. 드라마에서도 악역이 있어야 흥미를 더해 주는 것처럼 우리 인생에도 여러 배역을 담당하는 사람들이 있을 테니까….

그런데 이렇게 '배역'의 개념으로 접근하면 죽이고 싶을 정도로 미운 사람이 없게 될지도 모른다. 다 맡은 배역에 충실한 것일 뿐이니까. 실제로 우리가 배우라고 한다면 극 중에서 원

수였던 사람과도 일상에서는 친하게 지낼 수 있다. 연기를 할 때는 표독스러운 눈빛과 말로 상대와 대립하겠지만 컷 사인이 나면 서로 피드백을 나누거나 정겨운 담소를 나누는 것처럼 말이다. 그러니 모든 사람에게 매 순간 좋은 역할로 다가가려고 부담을 가질 필요도 없고 상대방이 항상 나에게 좋은 역할만 해야 한다고 생각할 필요도 없다. 저마다 맡은 배역을 그때그때 잘 감당하고 있는 것이 중요한 것이니 말이다.

한편 하나님에 대한 기억에 관해서 생각해 보면 신기하게도 하나님은 사람들과는 좀 다르신 것 같다. 주님에 대한 기억은 나에게 나쁜 것이 하나도 없다. 피조물로서 창조주가 하신일들에 대해 이해 못할 것은 있을지 모르지만, 그마저도 부정적인 기억이 없다. 그만큼 주님은 나에게 완전하시고 선하신분이다. 나에게 주님이 잘못하신 적은 단 1초도 없다. 그리고그런 완벽한 기억들 때문에 오늘도 염려를 떨치고 살아갈 수있다. 지금까지 하나님과의 기억이 완벽했듯, 앞으로도 어떤방식으로든 그분은 나를 완벽하게 인도해 주실 것을 믿는다.

타인의 형통함을
기뻐하는 자에게 주시는 축복

하나님이 내가 주의 택하신 자가 형통함을 보고
주의 나라의 기쁨을 나누어 가지게 하사 주의 유산을 자랑하게 하소서
(시 106:5)

남들의 "형통함"을 기뻐하는 것이 쉬운 일일까? 특히 내가 형통하지 않은 때에 다른 이들이 "형통해" 보이면 과연 얼마만큼 마음을 다하여 함께 기뻐해 줄 수 있을까? 시편 106편 5절 말씀을 영어 성경으로 보면 이렇게 되어 있다.

"that I may enjoy the prosperity of your chosen ones, that I may share in the joy of your nation and join your inheritance in giving praise."(NIV)

이 말씀을 다시 한국말로 풀어 보면 이렇다.
"내가 주의 택하신 자가 누리는 많은 좋은 일들을 보면서

기뻐하게 되는데, 그렇게 갖게 되는 기쁨은 마치 내가 하나님이 나에게 주시는 유산을 갖게 되는 것과 같은 기쁨입니다.”

육신의 부모가 우리에게 많은 유산을 남기고 돌아가신다면 그 유산으로 인해 우리는 매우 기뻐할 것이다. 하물며 우리가 하나님으로부터 받을 유산이 있다고 하는 것! 그것은 바로 하나님의 백성이 형통한 것을 보면서 기뻐할 때 우리에게 주어진다는 것이다.

우리가 하나님을 믿는 사람들이 잘되는 것을 보면서 기뻐하면 하나님께 받을 유산을 늘려갈 수 있다는 것이다. 언제 하나님을 믿는 사람들의 형통함을 보며 기뻐할 수 있을까? 바로 내가 그 사람을 위해 기도해 주었을 때가 아닐까? 하나님이 내 기도를 응답하신 것이니 말이다. 병 낫게 해달라고 기도했는데 그 사람 병이 나을 때, 재정이 풀리게 해달라고 기도했는데 그 사람이 재정을 공급 받게 될 때….

다른 이들의 잘됨이 내 기쁨이 될 때 그 기쁨은 내가 받을 하나님의 유산이라는 것! 할렐루야! 하늘나라에서 받을 큰 기업을 원한다면 오늘 더더욱 남들의 형통함을 기뻐하는 삶을 살아야겠다!

"반드시"라는
약속이 이루어지는 사람은?

울며 씨를 뿌리러 나가는 자는 반드시 기쁨으로
그 곡식 단을 가지고 돌아오리로다
(시 126:6)

교회 사역을 하다 보면 때로는 지치고, 우울하고, 힘에 버거워 울고 싶을 때가 많이 있을 것이다. 그럴 때는 모든 것을 놓고 도망치고 싶은 심정이 되기도 할 것이다. 봉사하는 일도, 선교하는 일도, 전도하는 일도, 심방하는 일도, 설교를 하는 일도 모두 놓아 버리고 아무도 없는 곳으로 숨어 버리고 싶어지기도 할 것이다.

그럼에도 불구하고 울면서 밖으로 나가 씨를 뿌려야 하는 것처럼 모든 것을 인내하고 견디며 묵묵히 그 사역을 감당해 내는 자의 심정을 우리는 얼마만큼이나 헤아릴 수 있을까? 자신의 감정과 입장, 상황보다 하나님이 주신 사명에 더 집중하여 온전히 그 길을 가는 자에게 하나님은 무엇을 약속하시는가?

"울며 씨를 뿌리러 나가는 자는 반드시 기쁨으로 그 곡식단을 가지고 돌아오리로다"라고 약속하신다. "반드시", "꼭"이라는 단어는 하나님이 하신 말씀을 꼭 행하실 것을 약속하심으로 우리에게 큰 위로를 준다.

오늘도 우리 주변에는 하나님이 맡기신 일을 감당하기 위해 눈물로 씨를 뿌리러 집을 나서는 자가 있을 것이다. 그 인내와 울음이 무엇인지 주님은 잘 아신다. 그리고 하나님은 그러한 사람들에게 말씀하신다.

"울며 씨를 뿌리러 나가는 자는 반드시 기쁨으로 그 곡식단을 가지고 돌아오리로다!"

어떻게 하면 이 땅에서
아무것도 부럽지 않을 수 있을까?

나는 재정과 관련하여 내 삶에서 행했던 '정말 멋진 도전'이 있었는데 그것은 내가 번 수입의 100%를 온전히 남들에게 다 주는 일이었다. 100%를 모두 남에게 주면서 산다는 것이 쉬운 일은 아니지만 이런 도전을 정말로 해 보고 싶었다. 그래서 지난 4년 케냐에서 한국으로 발령 받아 사역 하는 동안 이 일을 해 보았는데 (내 월급과 내가 받은 강사비 전부) 이 일을 해 보고 나는 놀라운 것을 경험하게 되었다. 그것은 바로 이 땅에서 부러운 것이 아무것도 없는 자의 삶을 살게 되었다는 것이다.

돈 많은 부자가 돈을 더 원하는 것은 더 갖고 싶은 '부'가 있기 때문이다. 그만큼 욕심이라는 것이 더 갖고 싶은 돈의 분량과 함께 나타난다. 그런데 수입의 100%로 남을 섬긴 이후, 나는 "더 이상 내가 원하는 것이 없구나!", "이 세상에서 부러울 것이 없구나! 이렇게도 살 수 있는 거였구나!"를 경험하게 되었다.

다시 말하면, '내가 내게 있는 것을 남에게 주었다고 해서 하나님이 나의 필요를 모두 공급하시고 더 큰 부를 갖게 하셨다.' 하는 것이 간증이 아니라 '내게 부족함이 더 이상 아무것도 없고 이 땅에서 부러워할 것이 없다.'는 것을 깨달은 것이 간증이 되었다는 것이다.

더불어 "와우! 하나님의 것이 모두 다 나의 것이라는 말이 다른 게 아니구나. 이 땅에 모든 것을 가져서가 아니라 '이 땅에 있는 그 어떤 것도 내가 더 이상 원하지 않아도 된다는 것, 내게 굳이 있어야 할 필요가 없구나" 하는 생각으로 바뀐다고 하는 것….

이 깨달음은 100% 내가 번 모든 것을 100% 남을 주면서 배울 만한 참으로 값진 레슨비가 아닐 수 없었다!

어떤 어려움이라도
이겨 낼 수 있는 비결이 있다면?

내가 세려고 할지라도 그 수가 모래보다 많도소이다
내가 깰 때에도 여전히 주와 함께 있나이다
(시 139:7)

우리를 향한 하나님의 보배로운 생각들은 내가 셀 수 있을까? 바닷가에 모래알이 얼마나 될까? 우리가 그 수를 셀 수 있기나 할까? 내가 알고 있는 바닷가의 모래알뿐 아니라 이 세상 모든 바닷가에 있는 모래알은 더더욱 셀 수 없이 많으리라!

하나님이 나를 향한 보배로운 생각이 바닷가의 그 많은 모래알보다 더 많은 숫자라고 하니…. 이 말씀 한 구절만 매일 묵상해도 주님이 나를 얼마나 사랑하시는지 그 깊이를 깨달을 수 있을 것 같다. 이렇게 하나님이 나를 사랑한다는 확신이 있으면 우리 인생에 어떠한 어려운 일이 있어도 우리는 그 일을 이겨내게 되어 있다.

사실 우리 인생의 문제는 문제 자체가 힘들기 때문이 아니라, 그 문제를 이겨낼 만큼 하나님이 얼마나 나를 사랑하는지를 깨닫지 못하기 때문인 것이다.

나에게 오늘 힘이 드는 일이 있는가? 나의 힘든 일보다는 나를 사랑하는 하나님의 사랑으로 내 마음의 초점을 달리해 본다! 하나님 사랑의 깊이 높이 넓이를 알아갈 때 나는 나의 어려움을 능히 이겨낼 수 있는 힘을 얻게 되리라!

나의 인생은 짧다는 것!

나의 때가 얼마나 짧은지 기억하소서
주께서 모든 사람을 어찌 그리 허무하게 창조하셨는지요
(시 89:47)

인생의 길이는 사람마다 다르다. 나는 과연 이 땅에서 얼마나 살 수 있을까? 내 인생의 길이를 나는 알고 있는가? 성경은 "나의 때가 얼마나 짧은지 기억하소서"라고 기록하고 있다. 우리가 100세 인생을 이야기하고, 혹여 나중에 200세 인생을 이야기하는 때가 온다 할지라도 성경은 아주 명확하게 인생의 길이는 길지 않고 짧다고 한다. 영원의 시간에 비한다면 100년, 200년은 짧디짧은 시간이다.

이 사실을 안다면 생각을 조금 바꿀 수 있다. 섭섭한 일이 있는가? 짧은 시간이다! 억울한 일이 있는가? 역시 짧은 시간이다! 누군가가 정말로 미운가? 짧은 시간이다! 길게 보아야 할 것이 아무것도 없다는 것이다.

말씀이 전해 주듯, 우리는 참으로 허무한 존재다. 돈이 아무리 많다 한들 죽을 때 싸가지고 갈 수도 없고 아무리 미식가라 해도 맛있는 음식을 하루 열 끼 먹을 수 없는 것이다. 부의 상징인 높은 빌딩이 있다 해도 비행기가 높이 올라가면 올라갈수록 하나의 점으로밖에 보이지 않는 것과 같은 이치다.

그만큼 덧없는 세상에서 우리가 할 수 있는 것이 무엇인가? 모든 것은 나의 선택인 것이다. 미워하는 것도 나의 선택이요, 사랑하는 것도 나의 선택이다. 용서도 나의 선택이요, 쓴 뿌리를 깊게 내리는 것 역시 나의 선택이다. "나의 때가 얼마나 짧은지"를 기억하는 사람이라면 허무한 세상 속에서 "지혜로운 선택"이 무엇인지를 알게 될 것이다.

근심이 네 마음에서 떠나게 하라!

그런즉 근심이 네 마음에서 떠나게 하며
악이 네 몸에서 물러가게 하라 어릴 때와 검은 머리의 시절이 다 헛되니라
(전 11:10)

어느 분이 내 묵상을 보다가 "그렇게 자주 아프다고 말하셔서 걱정이 됩니다." 이런 글을 읽은 적이 있다. 그래서 '아차! 내가 아프단 말을 자주 했구나.' 싶은 생각에 이제 좀 자제해야겠다는 마음이 들었다.

그런데 나 아프다고 걱정하지는 않는다. 아직도 허리 통증에 진통제가 말을 듣는다. 원래 진통제는 오래 사용하면 내성이 쌓여서 더 이상 효과가 없어지는 때가 있다. 그런데 나는 아직도 진통제가 말을 듣는다. 내성이 쌓이지 않았다는 것이다. 그러니 이것도 그렇게 걱정할 일은 아닌 것이다.

내게 내가 원하는 상태의 건강이 없다고 해서 하나님이 없다고 생각한 적은 없기 때문이다. 내게 있어 믿음이란 "내 몸

이 완전히 낫습니다!"가 아니고 "어떤 상황 속에서도 하나님은 나를 사랑하신다."가 나에게 있어서는 믿음이다.

내가 건강하지 않아도, 돈이 없어도 하나님이 나를 사랑하신다는 믿음에 조금도 흔들림이 없다. 그러니 딱히 걱정할 것이 없는 것 같다. 다만 내게 주신 사명을 온전하게 잘 못 이루고 있는 것이 아닌가… 하는 것이 '걱정'이라기보다는 마음에 '거룩한 부담'으로 있는 것은 사실이다.

"그런즉 근심이 네 마음에서 떠나게 하며 악이 네 몸에서 물러가게 하라" 이 계명을 잘 지키면서 살아가고 있어서 감사하다. 걱정할 것보다는 감사할 것이 더 많은 삶이라서 감사하다!

죽음보다 강한
주님의 나를 향한 사랑!

너는 나를 도장 같이 마음에 품고 도장 같이 팔에 두라
사랑은 죽음 같이 강하고 질투는 스올 같이 잔인하며 불길 같이 일어나니
그 기세가 여호와의 불과 같으니라
(아 8:6)

우리들은 마음에 무엇을 품고 살아가는가? 도장같이 마음에 품고 살아가는 사람이 있는가? 기억이 있는가? 고마움이 있는가? 섭섭함이 있는가?

본문 성경구절은 딱히 내용 자체에 어떤 삶의 적용이라기보다는 내 삶에 "도장같이 새겨진 일"들이 무엇일까라는 생각으로 마음에 와 닿은 것 같다.

내 부모님은 이제 다 돌아가셨다. 그러나 죽음보다 더 강한 것은 그분들을 향한 사랑의 그리운 마음인 것 같다. 그분들은 죽음과 함께 이 땅에 안 계시지만 죽음을 넘어선 사랑 이야기들, 사랑했던 이들에 대한 추억들은 도장같이 내 마음에 새겨진 것 같다.

어제는 어느 글을 받았는데 어느 사람이 나에 대한 섭섭한 마음이 그대로 느껴졌다. 나를 사랑했기에 그 마음에 섭섭함이 더 했으리라 생각도 들지만 한편 내가 그동안 그렇게 잘해 주었다고 생각되고 고맙다면 그 한 가지(?) 일로 그렇게도 섭섭해야 할 이유가 있을까? 그런 생각도 들었다.

열 가지 잘해 주어도 한 가지 못해 주면 사람들은 이렇게 실망하는 마음으로 우르르 무너져 내릴 수가 있구나…. 그런 생각이 들면서 '나는 어떠한 사람일까?'를 생각해 보게 된다. 나에게 잘해 주다가 한 번이나 두 번 잘 못 해주었다고 내가 섭섭한 마음을 품은 사람은 없는지…. 나에게 생기는 일들에 나의 느낌과 감정을 보면서 내 자신은 어떠한가 돌아보게 되는 것 같다.

사랑은 죽음보다 강하다 했다. 죽음보다 더 아프고 힘든 것이 없을 터인데 죽음보다 더 강한 사랑으로 끝까지 사랑하는 마음을 접어서는 안 될 것 같다. 죽음을 이미 맞이한 사람들을 향하여서도 그리움과 사랑함이 죽음을 뛰어넘는 사랑의 마음으로 함께한다면, 아직 죽지 않은 사람들을 대하는 내 마음은 끝까지 사랑하는 마음이 변치 않아야 하는 것이 아닌가 그런 생각을 해본다.

예수님에 대한 생각은 어떻게 이 성경구절에서 연결시켜 볼 수 있을까? 그분은 죽기까지 우리를 사랑하셨으니 사실 이 성경구절의 주인공은 우리 예수님이시구나 그런 생각을 하게 된다.

"너는 나를 도장 같이 마음에 품고 도장 같이 팔에 두라 사랑은 죽음 같이 강하고"

나를 주님의 마음에 품고 새기시고 나를 사랑하사 나를 위해 십자가에서의 죽음을 마다하지 않으신 그분의 십자가 사랑! 죽기까지 나를 사랑해 주신 그 사랑! 그 사랑엔 변함도 없으시고 변덕도 없으시고 후회도 없으시고 내가 그렇게 많은 시간 배신을 했어도 나에게서 단 한 번도 등을 돌린 적이 없는 우리 예수님.

내가 사람에게 섭섭한 일이 좀 있어 봐야 나를 변치 않고 끝까지 한결같이 사랑해 주심에 대한 더 깊은 사랑과 감격과 감동을 깨닫게 되는 것 같다. 그래서 누군가 나에게 섭섭한 것도 감사한 오늘이다. 주님의 나를 향하신 더 큰 사랑을 배우게 되니 말이다!

헛된 자랑

우리가 모압의 교만을 들었나니 심히 교만하도다
그가 거만하며 교만하며 분노함도 들었거니와 그의 자랑이 헛되도다
(사 16:6)

자랑을 해서 헛된 것이 있고, 자랑을 해서 열매가 풍성한 것이 있을 수 있다. 자랑이란 무엇인가 많이 이야기한다는 것도 되는데 많이 이야기해서 헛된 것이 있고, 많이 이야기해서 좋은 것이 있단 말로도 연결 지어 생각해 보게 되는 것 같다.

많이 할수록 좋은 이야기는 '하나님 이야기'가 아닐까? 내가 돌아보는 죄 가운데 빈번한 죄는 '자기 자랑 죄'이다. 난 내이야기가 많다. 내 성향이 좀 그렇다. 이야기 안 했으면 더 좋을 법한 것도 난 이미 해버린 경우가 많다. 내가 너무 자신감 있어 보인다고 "선교사님 도대체 못 하는 게 뭐 있으세요?"라고 물어 온 사람이 있었는데 그때 나는 이렇게 대답해 주었다.

"제가 못하는 게 왜 없겠어요? 저 죄를 잘 못 지어요!"

대박! 부러운가? 부러우면 지는 거다! 그래도 우리 모두 이런 고백 하고 살아야 한다!

내 특기? 바로 주님 말씀 순종이다! 순종이 익숙해져서 그렇다. 말씀 순종이 익숙해지면 말씀 불순종이 어려워지는 것!

내 취미? 선행이다! 남에게 감동 주는 게 내 취미다.

내가 말하는 내 프로필? 그리스도인들이 당연히 가져야 하는 공통 프로필이라고 생각한다. 나는 이렇게 내 이야기를 할 때가 많이 있다. 어떻게 들으면 다 내 자랑 같은 이야기들…. 나는 이런 고백 싫어한다. "지난 일주일 돌아보고 생각해 보면 부끄러운 것밖에 없습니다." 우리가 살면서 한두 가지 부끄러운 것이 있을 수 있지 왜 없겠는가? 그런데 생각해 보면 모든 것이 다 부끄럽다? 일주일을 뭘 하면서 살았기에 생각해 보면 부끄러운 것밖에 없다는 것인가? 그리스도인들 이렇게 사는 것이 올바른 삶인가? 주님께 기쁨 되는 것이 정말 일주일 내내 아무것도 없는가? 그럴 리는 없다! 그렇다면 그리스도인일 리가 없다!

아무튼 나는 이런저런 '내 자랑' 성향이 있는 사람인지라 어떤 일이나 어떤 말을 한 뒤 자주 '음… 주님 이거 내 자랑한 거 아닌가요?' 하고 돌아보는 것이다. 그러고는 '아니야, 아니야,

주 안에서 자랑하라고 했어! 나는 주님 안에서 자랑한 거야.'
이렇게 생각하는 때도 있는데 이사야 16장 6절을 묵상하면서
우리들의 '나'에 대한 집중적인 생각이 참 헛되구나 하는 생각
을 해본다.

묵상을 하면서도 '내가 이것 잘 못 했어, 저것 잘 못 했어.'
하면서 자기 성찰에만 집중한다면 난 그것도 헛된 자랑의 카
테고리에 들어갈 수 있다고 생각한다. 내가 잘 못 하기 때문에
정죄감에 계속 빠져 있고 주눅 들면 누가 주님 일을 당차게 힘
차게 계속해서 해나갈 수 있단 말인가!

나의 성취, 나의 능력에만 집중할 필요가 없듯이 더불어 나
의 실패 나의 무능력 이런 것에 역시 집중할 필요는 없을 것
같다. 이렇게 못난 나인데도 나를 사용하시는 주님이 놀랍다
는 자랑으로 바꾸는 것을 주님이 더 기뻐하시는 것이 아닐까?

의인에게 말해 주라!

너희는 의인에게 복이 있으리라 말하라
그들은 그들의 행위의 열매를 먹을 것임이요
(사 3:10)

본문 말씀은 "의인에게는 복이 있으리라!" 이렇게 말을 하라는 의미다. 행위의 열매를 먹게 되는 의인들의 모습들! 우리들 주위에도 많이 있지 않은가? 그들을 보면서 '아! 그렇구나' 이렇게 생각만 하는 것도 좋은 일이지만 그런 일을 보면서 "와우! 역시 의인의 열매인 것 같아요! 의인에게 복이 있다는 말이 맞네요!" 이렇게 말을 해주라는 것이 나는 성경적인 가르침이라고 믿는다.

칭찬과 격려를 너무 아낄 필요 없다. 우리는 더 칭찬해 주고 더 격려해 줌이 필요하다고 생각한다. 하나님은 우리가 조금만 무언가 잘해도 기뻐해 주시고 칭찬해 주신다. 하나님은 조바심도 없으시다. 늘 오래 참는 하나님의 인내 완전 짱!! 하나님은 우리를 쉽게 그리고 자주 자주 칭찬해 주신다. 심지어 우리에게 "감사하단" 말씀도 해주신다.

"얘야 힘들지? 힘든데도 불평 없이 잘 참네? 고맙다. 잘 참아 주고 있어서… 다 내 이름의 영광을 위함인 것 내가 안다! 내 이름을 위해 잘 참는 네가 나는 고맙구나."

이런 말씀들을 주님이 아끼신다고 생각하는가? 그렇지 않다! 주님은 우리 하찮은 피조물들이 창조주를 위하여 당연히 해야 할 일들에도 감사해 하신다.

하라는 말씀대로 잘 순종할 때 고마워하신다.

죄의 유혹? 우리 모든 사람에게 없을 리 없다! 그러나 주님이 칭찬해 주시는 그 칭찬을 받다 보면 죄의 유혹의 달콤함보다 주님 주시는 칭찬이 얼마나 더 달콤한가를 깨닫게 된다. 죄의 유혹에 빠져서 잠깐 느끼는 달콤함에 주님 주시는 칭찬의 긴 달콤함을 감히 비교할 수 없다는 것을 알게 된다. 그러면 죄의 유혹을 뿌리칠 수 있는 힘이 저절로 생기게 되는 것이다. 그러니 이렇게 하나님을 기쁘게 하는 삶을 살려면 우리 그리스도인들은 서로 격려하고 칭찬하고 인정하고 감사해 하는 표현들에 시간도 투자하고 돈도 투자하고, 무엇보다 말로써 글로써 격려 칭찬 감사를 아끼지 않는 우리가 되었으면 좋겠다!

2부

여호와는 방패

여호와 하나님은 해요 방패이시라
여호와께서 은혜와 영화를 주시며
정직하게 행하는 자에게
좋은 것을 아끼지
아니하실 것임이니이다
(시 84:11)

단 1%의 패배도
허용되지 않는 싸움

여호와께서 너희를 위하여 싸우시리니 너희는 가만히 있을지니라
(출 14:14)

우리가 살면서 만나는 수많은 영적 전쟁은 사실상 나 혼자만의 싸움이 아니다. 나만 싸우는 싸움인 것 같지만 내 주위에는 하나님이 보내신 천군 천사가 있다. 그리고 전쟁의 모든 지휘는 예수 그리스도 그분이 해주신다. "예수님이 모든 영적 전쟁을 지휘하신다."라는 사실은 단 1%의 패배도 허용되지 않는다는 사실을 내포한다. 그야말로 100%의 승률이다.

하나님이 함께하시는 한, 내 삶에 패배는 없다. 손해 역시 없다. 잃어버리는 것이 있는 것 같아도 알고 보면 다 하나님에게서 온 것들이니 내 것은 처음부터 어느 것도 없었다. 그러므로 하나님만 온전히 신뢰하고 따라간다면, 내 삶에 실패는 없다. 매 순간 하나님이 얻게 해주신 승리만 있을 뿐이다.

버려야 할 비교 의식 VS.
반드시 가져야 할 비교 의식

이 세상도, 그 정욕도 지나가되
오직 하나님의 뜻을 행하는 자는 영원히 거하느니라
(요일 2:17)

살다 보면 무기력해지고 초라함을 느낄 때가 있는데, 그 원인이 비교 의식 때문일 때가 많다. 곧 절대적인 문제가 원인이 아니라, 상대적인 비교 때문에 일어나곤 하는 것이다. 스펙, 연봉, 집 평수, 인맥, 화목해 보이는 가족 관계, 타고 다니는 차 종류 등을 비교하면서 비참해하거나 자기 연민에 빠지는 것이다.

이런 비교 의식이 어리석은 이유는 바로 현재의 모습을 가지고 비교하고 있기 때문이다. 곧 나 자신의 현재 모습과 상대의 현재 모습이 비교 대상이 되어 우리를 억누른다는 것이다. 현재의 모습을 가지고 비교하는 것처럼 어리석은 것이 없다. 이 모든 비교의 내용은 다 지나가는 것이기 때문이다. 이 땅의 것들은 다 사라지고 지나가고 없어지는 것들이다. 임시로 가지고 있는 물건을 자랑하거나 그것 때문에 위축될 필요가 없는 것과 마찬가지다.

우리가 비교해야 할 영역은 따로 있다. 저 하늘의 것, 곧 영원히 있을 것에 대한 비교 의식이 필요하다. 내가 오늘 하는 일들이 저 하늘에서 어떠한 결과를 낳게 될지에 민감해야 한다. 내가 지금 하는 행동이 얼마나 영원한 가치를 낳을 것인가를 고민해야 한다. 내 옆의 그리스도인이 하늘에 쌓아 두는 것과 내가 하늘에 쌓아 두는 것을 비교하려고 해야 한다.

하나님 사랑을 멀리한 채 보내는 그 시간, 그런 시간이야말로 이 땅의 삶에서 가장 큰 것을 잃어버린 시간이 아닐까? 지금 우리는 이 땅의 것에 대한 비교 의식 때문에 정말로 중요한 것을 놓치고 있지는 않은가?

테레사 수녀님에게 어느 기자가 이렇게 물어보았다고 한다.

"수녀님은 열심히 가난한 사람들을 섬기고 있지만, 때론 다른 잘사는 사람들이 부럽지 않으십니까?"

그 기자의 질문에 수녀님은 이렇게 대답했다고 한다.

"허리를 굽혀 가난한 이들을 섬기다 보면 허리를 펴고 잘사는 이들을 바라볼 시간이 없습니다!"

갈수록 강한 사람이 되려면?

요담이 그의 하나님 여호와 앞에서 바른 길을 걸었으므로 점점 강하여졌더라
(대하 27:6)

나는 점점 어떠한 사람이 되어 가고 있는가? 점점 더 나은 사람? 점점 더 바른 사람? 점점 더 겸손한 사람? 점점 더 지혜로운 사람? 성경의 인물 요담은 점점 더 강해졌는데 나는 과연 어떠한가?

사람마다 점점 더 강한 사람이 되고 싶지 점점 약한 사람이 되고 싶지는 않을 것이다. 성경은 점점 더 나아지고 점점 더 강해지는 비결을 알려 준다. "하나님 앞에서 바른길을 걸으라!"는 것이다.

상담학에서는 '자존감을 높이는 방법' 중 하나로 매일같이 올바른 일을 반복하라고 한다. 곧 매일같이 내가 '옳은 일'을 했다는 생각이 우리의 자존감을 건강하게 하고, 높여 주는 데 도움이 된다는 것이다. 그러니 강해지고 싶으면 바르게 살면 된다는 것이다.

시련은 하나님께
신뢰를 얻을 수 있는 찬스

주께서 심지가 견고한 자를 평강하고 평강하도록 지키시리니
이는 그가 주를 신뢰함이니이다
(사 26:3)

하나님은 누구나 사랑하신다. 하지만 신뢰의 정도는 다르다. 똑같이 사랑하는 자녀라지만 자녀의 행동에 따라 신뢰하는 정도는 다를 수 있는 것처럼….

과연 하나님께 신뢰를 주는 사람은 어떤 사람일까? 하나님이 보시기에 믿음직한 사람은 어떤 사람일까? 한결같은 사람, 여전한 사람, 심지가 견고한 사람이 가장 신뢰할 만한 사람이 아닐까? 하나님이 복을 주실 때는 '좋아라' 하다가도 조금이라도 자기 뜻대로 안 되는 것 같으면 원망하고 투덜대는 사람…. 심지어 '하나님이 살아 계시냐?', '나를 잊은 것은 아니냐?'고 반문하기까지 하는 사람…. 이런 사람이 하나님의 신뢰를 얻어 낼 수는 없을 것이다. 하나님은 이런 사람을 믿고 많은 일

을 맡겨 주실 수가 없을 것이다.

하나님의 신뢰를 얻어 낼 수 있는 것은 하루아침에 가능한 일이 아니다. 하나님은 계속 보신다. 우리가 어떻게 우리에게 주어지는 삶의 환경에 대처하는지를 보신다. 지키시고 보호하시고 도와주시기 위해 보시기도 하지만 하나님 앞에서의 진심이 어떠한지를 아시려고 보시기도 하신다.

분명 하나님은 모든 사람을 다 사랑하신다. 그러나 모든 사람을 다 하나님이 기뻐하는 종으로 사용하시는 것은 아니다. '쓰임을 받을 수 있느냐, 아니냐'는 삶 속에서 우리의 선택에 달렸다. 시련 앞에서도 하나님을 신뢰하는 자를 하나님 역시 신뢰하신다.

5

캐물을 필요가 없는
고난의 정체

내가 측량할 수 없는 주의 공의와 구원을 내 입으로 종일 전하리이다
(시 71:15)

세상에는 모를 일들이 참으로 많다. 특히 고난을 겪게 되는 이유가 그렇다. 고난의 이유를 대충 알 것 같을 때도 있지만, '대체 이 고난은 왜 일어나는지' 도저히 모를 때도 있다. "고난이 내게 유익이라"고 믿고 고백은 한다지만 '그 고난이 왜 나에게 유익이란 말인가?' 하는 생각이 좀처럼 사라지지 않을 때도 있는 것이다.

그런데 내가 모든 고난의 이유를 다 알아야 하는가? 내가 누구이기에 하나님이 나에게 모든 것을 다 설명해야 하고 보고해야 하는가? 하나님은 그러실 필요가 없는 분이다. 그 답을 안 주신다고 해서 원망을 들어야 할 분은 아니라는 것이다.

지금 내가 하나님에 대하여 알고 있는 것들만으로도 내 평

생을 하나님께 맡기는 데 아무런 어려움이 없다.

　세상에 일어나는 많은 일을 내가 이해할 수 없지만 나를 향한 하나님의 사랑 역시 내가 이해할 수 없을 정도로 크기만 하다.

6

지금의 현실이 하나님의 불공평한 처사로 느껴질 때

그의 군대를 어찌 계수할 수 있으랴
그가 비추는 광명을 받지 않은 자가 누구냐
(욥 25:3)

사람들은 힘든 일을 당할 때 하나님이 불공평하다고 말한다. "왜 나에게 이런 일이!" "좋으신 하나님이라면서 도대체 왜 이러시는지!" "내가 대체 무엇을 잘못했다고!" 하면서 원망스러운 표현의 말들을 하기도 한다.

그러나 정말로 하나님이 불공평하신가? 그동안 그가 내게 주신 혜택이 진정 아무것도 없었는가? 매일매일의 광명이 비쳐지지 않는 사람이 있는가? 나 혼자만 비를 맞고, 눈을 맞았는가? 공기와 바람이 나만 따로 피해 간 적이 있는가? 새날이 주어지는 것이 다른 사람들에게만 있는가?

내가 지금 이 시간도 살아 있다면 하나님은 나를 오늘 이 시간까지 지키시고 살려 두셨다는 이야기가 된다. 하나님의 불공평함을 헤아리기 이전에 하나님의 공평함의 숫자를 헤아려 보자. 그 비율만 보아도 우리는 감히 하나님을 향해 '불공평' 이라는 말을 꺼낼 수는 없다.

불공평하다고 느끼는 일들을 헤아리고 싶은 마음이 더 앞서더라도 내 삶에 선하게 여김으로 일어났던 일들과 공평하게 베푸신 일들을 먼저 헤아려 보도록 하자!

약함과 상처가 무기가 되는
그날을 향하여

나에게 이르시기를 내 은혜가 네게 족하도다
이는 내 능력이 약한 데서 온전하여짐이라 하신지라
그러므로 도리어 크게 기뻐함으로 나의 여러 약한 것들에 대하여 자랑하리니
이는 그리스도의 능력이 내게 머물게 하려 함이라
(고후 12:9)

미국에서 강간당한 어느 젊은 여성의 이야기를 기억한다. 그녀는 하나님 잘 믿는 그리스도인 가정에서 자라난 딸이었다고 한다. 그녀는 강간을 당해서 이루 말할 수 없는 정신적인 고통을 겪었는데, 그 고통으로 인해 강간당한 여자들의 두려움과 수치와 아픔을 누구보다 더 절실히 공감할 수 있었을 것이다. 그녀는 나중에 미국의 강간당한 여자들을 도와주는 재활원의 창시자가 되었다고 한다.

물론 그런 아픔 없이 그렇게 훌륭한 센터를 창시했다면 그 또한 감사할 일이다. 그러나 그런 힘든 경험을 딛고 일어나서 그 경험을 다른 사람들을 이해하고 도와주는 도구로 사용했다는 것이 실로 놀라운 하나님의 역사하심이 아닐까?

내 삶에 예기치 못했던 힘든 일이 있다 하더라도 그 일이 누군가에게 '구원의 통로'가 될 수 있음을 기억하도록 하자!

8

하나님으로부터
완전히 끊어진 것만 같을 때

내가 놀라서 말하기를 주의 목전에서 끊어졌다 하였사오나
내가 주께 부르짖을 때에 주께서 나의 간구하는 소리를 들으셨나이다
(시 31:22)

내가 주의 목전에서 끊어졌다고 하는 것은 어떤 의미인가?
이는 "아! 하나님이 내 기도를 듣지 않으시는구나!"라는 고백
과 동일할 것이다. 기도를 아무리 해도 하나님이 내 기도에 귀
를 기울이는 것 같지 않다는 그런 느낌과 생각…. 이처럼 암담
한 때가 있을까? '내 도움은 여호와 한 분밖에 없다고 생각했
는데 어떻게 이런 일이 나에게!' '대체 왜 하나님이 나를 외면
하시는 것일까?' 이런 생각이 들 때가 있는가?

성경은 오늘 우리에게 말씀하신다. 내가 그렇게 생각하
고 그렇게 말을 했다고 할지라도 "주께서 나의 간구하는 소리
를 들으셨나이다"라고 말이다. 영어 성경으로 보면 'Yet' 이라
는 표현이 나온다. 'In my alarm I said, "I am cut off from your

sight!" Yet you heard my cry for mercy when I called to you for help.' 이는 "그리했을지라도"라고 번역할 수 있다. 즉, 하나님께 "주님 내 기도 왜 안 들으세요? 왜인가요? 도대체 내가 뭐 잘못했다고 내 기도를 안 들으시는 거예요!"라며 안타까움을 토로할 때 주님은 "네가 이러이러해서 내가 네 기도를 안 들었지!"라고 말씀하지 않으신다. 대신 "네가 그렇게 말할 때에도 나는 너의 기도를 듣고 있단다!" 이렇게 말씀하신다는 것이다!

9

실패한 것 같은 상황에서도
주님의 뜻을 분별하는 사람

나의 하나님이여 내가 주의 뜻 행하기를 즐기오니
주의 법이 나의 심중에 있나이다 하였나이다
(시 40:8)

"항상 기뻐하라 쉬지 말고 기도하라 범사에 감사하라!" 이것은 이 땅에 사는 동안 하나님의 뜻을 분별하는 기본이 된다. 하나님의 뜻이라고 여겨서 열심히 한 일들이 있는가? 그래서 기쁜가? 그래서 기도하게 되었는가? 그래서 감사하게 되었는가? 만약 그랬다면 그 일은 하나님의 뜻을 행한 것이 맞다.

가령 하나님의 뜻이라고 여겨서 열심히 한 일이 입사공부였는데 불합격했다고 해보자. 불합격했지만 주님의 다른 뜻이 준비되어 있겠거니 생각하면서 기쁜가? 다른 뜻을 찾고자 더 기도하는가? 이 일로 더 기도할 수 있게 되고 더 주님 앞에 나오게 되어 더 큰 감사가 되었는가? 그럼 그것은 주님의 뜻을 이룬 것이 맞다. 비록 세상적인 시각에서는 실패한 것 같지만, 영적으로는 성공인 것이다. 기뻐하고 있고, 기도하고 있고, 감사하고 있으니 말이다.

다른 예를 들어보자. 결혼하게 해달라고 기도했는가? 그래서 배우자를 만났는가? 그런데 살아 보니 기쁨이 없고 '왜 이런 사람을 만나게 하셨나?'며 원망뿐인가? 그 원망과 불만 때문에 기도를 멈추었는가? "감사하다"는 말도 잊혀진 고백이 되었는가? 그러면 주님의 뜻을 이루지 않은 것이 맞다.

분명 하나님은 우리를 인도하신다. 그러니 결과에 너무 집착할 필요는 없다. 하나님이 인도하신다는 것 자체가 이미 우리 삶에 성공인 것이다. 세상적인 결과와 별개로 그 인도하심 앞에서 기뻐하고 감사하고 더 기도하고 있다면 이미 나는 주님의 뜻에 따라 잘 살고 있다는 것이다. 행여 사면이 막히는 것 같다고 해도 문제없다. 반드시 하늘 문은 열리게 되어 있다. 단, 기뻐하고 감사하고 기도하는 자에게만 그 문이 보일 뿐이다.

10

형통하다고 믿기로 한다

복 있는 사람은 악인들의 꾀를 따르지 아니하며
죄인들의 길에 서지 아니하며 오만한 자들의 자리에 앉지 아니하고
오직 여호와의 율법을 즐거워하여 그의 율법을 주야로 묵상하는도다
그는 시냇가에 심은 나무가 철을 따라 열매를 맺으며
그 잎사귀가 마르지 아니함 같으니 그가 하는 모든 일이 다 형통하리로다
(시 1:1-3)

내가 '복이 있는 사람'이라고 스스로 생각할 수 있다. '내가 행한 모든 일이 다 형통했다.'라고 스스로 믿을 수도 있다. 그만큼 믿음은 나의 선택이 될 수 있는 것이다. 남들이 볼 때 '형통해 보이지 않는 일'이라도 내가 '형통한 일'이라고 여기고 믿으면, 그렇게 되니까 말이다.

그러기에 "오직 여호와의 율법을 즐거워하여 그의 율법을 주야로 묵상하는 자들"은 하나님 생각으로 꽉 차 있고 그에 맞는 선택을 하며 살아갈 수밖에 없다. 온통 하나님 생각하다 보면 이 땅에서 일어나는 많은 일들 앞에서 조바심이나 두려움, 걱정들을 선택하지 않게 된다. 그만큼 그런 불안한 감정

들과는 별 상관없이 살게 된다는 것이다. 하나님 생각이 온통 머리에 꽉 차 있으니 다른 생각들은 들어올 틈이 없는 것이다.

물론 연약한 인간이기에, 다른 생각이 시시때때로 뚫고 들어올 수는 있다. 하지만 들어온다고 해도 복 있는 사람은 악인들의 꾀를 따르지 않는다. 그런 생각이 오더라도 그 생각을 따라가지 않는다는 것이다.

그리고 이에 따라 악한 행동이 뒤따르지도 않는다. 죄인들의 길에 서지 않고 그 길을 따라가지 않으니 죄인들이 추구하는 행함 역시 그의 삶에 이어질 수 없는 것이다. 더불어 오만한 자들의 자리에 앉지 아니한다 했으니 그런 일을 행하는 사람들과 교제하면서 영향을 받을 일도 없다.

그리고 보면 인생이 참 단순해지지 않나 싶다. 남들 보기에 형통하지 않은 일이 생겼는데도 오직 여호와의 율법을 즐거워하며 그의 율법을 주야로 묵상하다 보면 그저 감사할 수밖에 없으니 말이다. 세상적인 눈으로 자신에게 일어난 상황들을 보지 않고 하나님 말씀 안에서 일어난 일들을 이해하고 해석하려고 하니 그야말로 매사에 형통함을 누릴 수밖에 없는 것이다.

11

포기의 순간에 더 깊이
깨닫게 되는 하나님의 사랑의 크기

여호와여 주께서 하신 일이 어찌 그리 많은지요
주께서 지혜로 그들을 다 지으셨으니
주께서 지으신 것들이 땅에 가득하니이다
(시 104:24)

하나님이 하신 일들의 의미를 우리가 다 알 수 있을까? 하나님이 사랑이라고 하는데…. 그렇다면 하나님이 하신 모든 일에는 '사랑하기 때문에'라는 것이 이유인데 세상에 일어나는 일들을 보면서, 아니 나에게 일어나는 일들을 보면서 '하나님이 사랑하셔서 이런 일들을 하셨구나.'라고 그렇게 쉽게 믿을 수 있을까?

하나님은 왜 우리에게 그분의 사랑의 길이, 높이, 넓이를 알아가라고 명령하셨을까? 나는 언제부터인가 내 인생에 일어나는 모든 일의 마스터키는 "하나님의 사랑을 깨닫는 데"에 있다는 것을 알게 되었다. 어떤 일이 있어도, 어떤 감정이 일어나도, 어떤 상처가 있다 할지라도 나를 향한 하나님의 사랑을 깨닫고 확신하게 되는 것이 모든 일에 해답이 된다는 것을 알게 되었다.

특히 근래에 '내 것을 포기하는 것'이 무엇인가에 대한 생각을 하나님이 나를 위해 포기하신 그분의 사랑과 접목하여 깨닫게 된 일이 있었다. 분명 내 것인데 남에게 양도하거나 내 권리를 포기했을 때 내가 기대하는 것은 감사하는 마음과 표현이 아닐까 한다. 그런데 그 기대가 채워지지 않았을 때 나의 내면의 움직임을 보면서 하나님의 사랑을 새롭게 깨닫게 되었다.

하나님이 나를 사랑하사 나를 위하여 포기하신 것들을 생각하게 된 것이다. 그분은 하나님이시면서 육신의 옷을 입고 이 땅에 내려오셨다. 하나님의 자리, 곧 그 말로 다 형용할 수 없는 높은 자리를 버리고 나를 위하여 이 땅에 사람의 모습으로 와 주신 것이다. 그가 버리신 권리는 이루 말로 다할 수 없다. 사랑이라는 그 이유 하나로 그분은 그 일을 해내셨다. 그런데 그렇게 자신의 자리를 버리고 이 땅에 오신 그분이 우리에게 바라는 것이 무엇인가? 그 사랑 알아 달라는 것 아닌가? 보상해 달라는 것이 아니라 그 사랑을 알아주고, 감격하고, 감사해 하고, 기뻐해 달라는 것이 아닌가 말이다.

그런데 나는 그것을 얼마만큼 하고 있는가? 그가 나를 위해 버려 주신 것들에 대한 감사가 매일 나에게 있는가? 그분의 버리심이 크게 느껴지면 크게 느껴질수록 그분을 향한 나의 감사가 더 커져야 할 것이다.

버릴 것은 버리고 거를 것은
거를 줄 아는 지혜

까닭 없는 저주는 참새가 떠도는 것과
제비가 날아가는 것 같이 이루어지지 아니하느니라
(잠 26:2)

까닭 없는 저주의 말이 참새가 날아감 같이 임하지 않는다는 것은 어리석은 저주가 아무런 가치도, 효력도 가지고 있지 않음을 의미한다. 실제로 우리는 까닭 없이 격한 말, 질책하는 말, 모욕하는 말, 나를 탓하는 말을 누군가에게 듣곤 한다.

이런 말들 앞에서 어떻게 해야 할까? 말을 잘하는 것도 중요하지만 잘 듣는 것도 중요하다. 흘려들을 것은 흘려들을 줄 알고 버릴 것은 버릴 줄 아는 것, 이것이 하나님이 주신 '감정의 건강'을 지키는 중요한 비결인 것이다.

오늘 어떤 말을 들었는가?

"까닭 없는 저주는 참새가 떠도는 것과 제비가 날아가는 것같이 이루어지지 아니하느니라"

순적하지 못한 상황 속에
나타나는 하나님의 영광

여호와께서 모세에게 이르시되 바로에게로 들어가라
내가 그의 마음과 그의 신하들의 마음을 완강하게 함은
나의 표징을 그들 중에 보이기 위함이며
(출 10:1)

'하나님이 하라는 것을 했다고 해서 항상 순적함이 따르는 것은 아니구나…' 하는 것을 모세를 보면서 배울 수 있다. 이스라엘 백성이 애굽에서 나오게 하는 일을 맡은 사람은 모세가 분명하다. 그리고 하나님께서 모세에게 동역자도 허락해 주셨다. 그러니 모세가 하는 일마다 금방금방 착착 잘되면 얼마나 좋을까?

애굽 왕 앞에 가서 하나님의 명에 따라 이스라엘 백성을 데리고 애굽에서 나가겠다고 했을 때 바로가 "아! 네, 그렇습니까? 알았습니다. 얼른 나가시죠. 나가시는 데 뭐 필요한 물품은 없으십니까? 말씀만 하시죠. 하나님이 말씀하시는 것을 순종하는 그대 너무나 아름답습니다!" 이랬다면 얼마나 좋았을까! 그런데 이야기가 그렇게 전개되기는커녕 '갈수록 태산'인 상황만 이어진다. 혹은 '사면초가'의 시련만 되풀이된다.

그렇지만 모세는 끝내 애굽에서 이스라엘 백성을 데리고 나오게 된다. 그는 하나님이 홍해를 갈라 주시리라는 것은 전혀 상상도 못 했을 것이다.

하나님은 바로와 신하들의 마음을 완강하게 한 것이 "나의 표징을 그들 중에 보이기 위함"이라고 말씀하셨다. 결국 환경이 더더욱 힘들어 보이는 것은 그러한 일 뒤에 '하나님의 영광'을 더 크게 나타나게 하시려는 깊은 뜻이 있었기 때문이라는 것이다.

우리 삶의 목적은 '만사형통'이 아니다. '하나님 이름에 큰 영광이 되는 삶'이 우리 삶의 목표인 것이다.

14

정금으로 되어 가는
과정임을 알기에

그러나 내가 가는 길을 그가 아시나니
그가 나를 단련하신 후에는 내가 순금 같이 되어 나오리라
(욥 23:10)

금은 순금, 곧 정금이 되기까지 불에 들어갔다 나왔다를 반복해야 한다. 그런데 정작 금 자신은 몇 번을 들어갔다 나와야 하는지 모른다. 그래서 불에 들어갈 때마다 금은 이렇게 중얼거릴지도 모른다.

'얼마나 더 들어가야 하는 건가?'

'또 들어가야 하는 건가?'

그런데 불에 들어가는 금에게는 그 과정이 다 똑같이 여겨져도 대장장이에게는 다 다르다. 대장장이는 어느 정도의 단계까지 왔는지, 몇 번 더 들어갔다 나오면 정금이 될지를 안다.

지금 우리는 완벽한 대장장이이신 하나님 손에서 정함의

과정을 겪고 있는 금들이다. 우리 모두는 '정금'이 되어져 나오는 과정들의 복된 반열에 있는 것이다.

비록 언제 끝날지 답답하기도 하고, 얼마나 더 반복되어야 할지 막막하기도 하지만 이 모든 것이 정금이 되어 가는 과정임을 이해한다면 우리는 이를 감사로 인내할 수 있는 것이다.

15

뒷줄로 더 밀려나지 않도록
감사하며 기다릴 줄 아는 지혜

그 때에 사람의 말이 진실로 의인에게 갚음이 있고
진실로 땅에서 심판하시는 하나님이 계시다 하리로다
(시 58:11)

하나님이 의인에게 상을 주신다는 사실…. 이전에 나는 이런 질문을 종종 했다. "저 사람은 필요한 것, 좋은 것을 금방 주시는데 왜 저한테는 안 주시죠?" 이런 나에게 어느 날 주님이 이런 마음을 주셨다. '모든 것에 차례가 있다! 만약 여기서 투정을 부리면 오히려 밀려난다. 그것도 맨 뒷줄로….' 그러니 언젠가는 내 차례가 올 줄을 믿고 그 자리에서 가만히 기다리는 것이 현명한 것이다.

그 깨달음 이후로는 '누구는 이런저런 것을 가졌는데 왜 저에겐 안 주시죠?'라고 말하지 않는다. 지금껏 기다렸는데 뒷줄로 밀려나는 게 아까워 기쁘게 기다리고 그저 감사한다.

분명 하나님은 모든 의인에게 상을 주신다. 차례가 있는 것뿐이다. 행여 이 땅에서 차례가 안 돌아올 수도 있다. 그래도 상관없다. 우리는 영원을 사는 사람들이니까. 영원의 세월 속에서 상 못 받을 의인은 하나도 없으리라!

16

내 언행에 따라 입출금이 되는 하늘 계좌가 있다면

우리가 하나님을 의지하고 용감하게 행하리니
그는 우리의 대적을 밟으실 이심이로다
(시 60:12)

우리에게 원수로 여겨지는 사람이 있을 수 있다. 그런데 우리는 원수를 바라보면서 어떤 기도를 하는가? 원수가 없게 해달라고 기도할 수도 있지만 정말로 우리가 해야 할 기도는 "원수에게 복을 빌어 주는 사람이 되게 해달라."는 기도가 아닌가 한다.

나는 가끔 이런 상상을 한다. 하늘나라에 내 은행 계좌가 있다면 그 계좌의 입출금 내역은 어떠할까? 만약 일일 일선을 했을 때, 내 하늘 계좌에 10만 원이 올라간다고 하자. 그러면 10번 선행할 경우, 하루에 100만 원이 입금된다. 여기에 만약 누군가를 칭찬하면 10만 원, 감사하면 10만 원이라고 해보자. 과연 하늘나라 내 계좌에 얼마의 금액이 입금되어 있을까?

반대로 누군가를 비판하거나 미워하면 10만 원이 출금된다고 생각해 보자. 욕하면 10만 원, 음란한 영상을 보면 또 10만 원이 나간다고 해보자. 그렇게 가다 보면 금세 100만 원이 빠져나가지 않을까? 그런데 만약 절대 용서 못할 것 같았던 원수에게 복을 빌어 주는 기도를 했는데 100만 원이 다시 입금된다면?

이렇게 하늘나라 계좌가 나의 입술과 행동에 따라 늘어나고 줄어들고 한다면 우리의 언행이 조금 더 달라질 것 같다.

오늘 나의 하늘나라 계좌에 입금될 많은 금액들을 상상해 보면서 내 생활의 말과 행실을 조심하도록 하자!

17

찬양할 수 없을 때 더 찬양하고, 감사할 수 없을 때 더 감사하라

오직 나는 가난하고 슬프오니 하나님이여 주의 구원으로 나를 높이소서
내가 노래로 하나님의 이름을 찬송하며 감사함으로 하나님을
위대하시다 하리니 이것이 소 곧 뿔과 굽이 있는 황소를 드림보다
여호와를 더욱 기쁘시게 함이 될 것이라

(시 69:29-31)

뿔과 굽이 있는 황소를 드림보다 더 여호와를 기쁘시게 하
는 것이 무엇인가? 본문은 "하나님의 이름을 찬송하며 감사
함으로 하나님을 위대하다."라고 고백하는 것이라 말한다.
분명 주님이 가장 기뻐하시는 제사는 "감사와 찬양"이다.

그런데 여기서 말하는 감사와 찬양은 어떤 것일까? 모든
일이 순적하고 형통할 때 드리는 찬양과 감사를 말할까? 본
문에서 말하고자 하는 것은 그런 때의 감사와 찬양이 아닌 것
이다. 본문 29절에 보면 '나는 가난하고 슬프니 나를 구원해
달라.'는 기도가 나온다. 그리고 난 다음 드리는 찬양과 감사
가 뿔과 굽이 있는 황소보다 얼마나 나은지를 시편 기자는 이
야기한다.

우리 삶에 슬픔이 있을 때, 너무나 간절한 구원이 필요할 때, 내가 가난할 때 "주님은 위대하시다."라고 고백하면 그 순간에 드릴 수 있는 감사와 찬양이야말로 뿔과 굽이 있는 황소를 하나님께 드리는 것보다 더 기쁜 제사가 된다는 것이다.

지금 아픈가? 감사하자!

지금 가난한가? 감사하자!

지금 곤고한가? 감사하자!

지금 외로운가? 감사하자!

지금 괴로운가? 감사하자!

지금 억울한가? 감사하자!

현실이 이러할 때 오히려 감사로 제사를 드리자! 여호와께서 어떠한 제물로 드리는 제사보다 이러한 때의 감사를 더 기뻐하신다고 하신 말씀을 기억하자!

18

절망적인 상황에서도 말씀은 '기승전 소망'으로 다가온다

우리에게 여러 가지 심한 고난을 보이신 주께서
우리를 다시 살리시며 땅 깊은 곳에서 다시 이끌어 올리시리이다
(시 71:20)

성경말씀은 소망으로 가득 차 있다. 예수님을 믿는다는 것, 그 자체가 '기승전 소망'이 아닐 수 없다. 어떤 상황에서도 우리는 이 소망을 접어서는 안 된다.

특히 여러 가지 심한 고난을 겪었는가? 그때 하나님은 이 말씀으로 우리에게 응답해 주신다. "주께서 우리를 다시 살리시며!" 여기서 "다시"라는 말씀이 우리에게 소망이자 희망인 것이다. 주님은 죽이는 것이 아니라 살리겠다고 하신다. 그러니 내가 그 어떤 고난을 심하게 겪었다 해도 그저 믿기만 하면 된다. 내가 다시 살 것을 믿으면 된다. 하나님이 나를 다시 살려 주시리라는 사실을 선포하면 된다. 만약 죽을 것 같은 상황이면 더더욱 믿어야 한다. 주께서 다시, 다시, 다시 나

를 살려 주실 것임을 확신해야 한다. 심한 고난을 겪은 사람일수록 소망은 더 커야 한다.

또한 성경은 땅 깊은 곳에서 다시 이끌어 올리신다고 하셨다. 이 구절에도 "다시"라는 말이 나오는데 땅 깊은 곳이라면 절망의 늪을 말할 것이다. 따라서 절망을 경험할수록 "다시"를 기대해야 한다. 주님이 그대를 그 깊은 땅으로부터 이끌어 올려 주신다는 것을 바라보아야 한다.

우리는 오늘 심한 고난이 있어도 다시 살려 주시는 주님이 있다 하시니 그 말씀으로 힘을 얻는다. 이처럼 그리스도인들은 어떤 일을 만나도 말씀을 통하여 필요한 모든 것을 얻게 된다. 그것이 곧 살아 있는 말씀의 능력인 것이다.

내가 하나님의 사람인지 아닌지를 어떻게 아는가? 어려울 때 나를 도와주고 견디게 하고 버티게 하고 긍정적인 고백을 하게 하는 그 뿌리의 선택을 어떻게 하느냐로 알 수 있다.

우리 인생에 '하나님이 기뻐하시는' 세팅이 필요하다. 어떤 절망의 순간이 온다 해도 소망으로 세팅하자. 성경은 소망의 말씀으로 가득 차 있으니 삶이 어려우면 성경으로 돌아오면 된다. 분명 성경에 있는 그 말씀들이 나를 다시 위로하고 다시 소망으로 채워 줄 것이다.

19

악한 일을 미워할수록
견고해지는 방패

여호와를 사랑하는 너희여 악을 미워하라
그가 그의 성도의 영혼을 보전하사 악인의 손에서 건지시느니라
(시 97:10)

나에게 주어진 삶의 세팅은 악과 친하게 지낼 만한 틈이 별로 없다. 대부분 일상이 예배 준비, 또는 설교하기다. 사람들과의 만남도 상담이나 식탁교제 등으로, 대부분은 하나님, 성경 등에 대한 이야기를 나눈다. 그러니 내 삶의 세팅 자체가 '하나님 사랑하기'인 것이다.

그렇다고 해서 내가 죄를 안 지을 리 없다. 물론 일반적으로 사람들이 생각하는 큰 죄를 짓는 일은 없고, 소소한 죄를 짓는 것이 대부분이다. 그러나 큰 죄를 많이 지어서 죄인인 것이 아니라, 작은 죄를 짓는 사람도 죄인인 것이다. 그리고 그런 작은 죄 하나하나라도 죄로 깨닫는 것이 은혜다.

하나님을 사랑하는 자라면 하나님이 싫어하시는 악을 미

위해야 한다. 그리고 그런 자에게 하나님은 약속을 주신다. 악을 미워하면서 살면 하나님이 방패가 되어 주신다는 약속을 말이다.

그러고 보면, 하나님의 보호를 받는 비결은 다른 데 있는 게 아니다. 하나님께 보호해 달라고 기도하는 것도 중요하지만 악을 미워하면 자연스럽게 우리 삶이 악으로부터의 보호함을 입게 된다는 것이다.

20

불안이 없을 수 있는 비결!

오직 내 말을 듣는 자는 평안히 살며
재앙의 두려움이 없이 안전하리라
(잠 1:33)

사람에게는 기쁨, 슬픔, 외로움, 분노, 답답함, 초조함 등
등 정말 여러 가지 감정이 있다. 그래서 우리가 쓰는 표현 중
에 "만감이 교차한다"라는 말이 있다. 그렇다면 우리에게 있
는 감정이 적어도 1만 가지란 말인데…. 우와! 1만 가지 감정
이 교차하는 때는 과연 어떤 때일까?

나는 어떤 감정을 가장 많이 갖고 있을까? 그런 생각을 말
씀을 보면서 해보게 된다.

화가 많은가? 답답함? 짜증? 슬픔? 외로움? 기쁨? 불안?
초조? 정말 감정이 1만 가지나 된다고 한다면 과연 나는 하루
를 살면서 무슨 감정을 가장 많이 갖고 사는가? 나에게 가장
경험되지 않는 감정은 무엇인가?

사실 내가 여러 감정 중에 그다지 경험하지 않은 것은 '불안'인 것 같다. 불안해하지 않는 편이다. 불안한 감정이 별로 없는 것은 불안한 상황에서는 늘 그러하듯 기도를 했기 때문인 것 같다. 그럴 때는 꼭 방언으로 기도를 한다. 기도를 하고 있으면 성령님이 말씀하신다.

"괜찮다! 불안해할 일이 아니니 불안해하지 말아라. 평강할지니라!"

그 음성을 들으면 즉시로 나는 그대로 순종한다. 그냥 단순하게 믿는다. 내 앞에 불안한 일이 있는가, 없는가? 재앙처럼 닥칠 일이 있을 것인가 없을 것인가? 그런 것에 대한 생각으로 시간을 소모하지 않아야 할 것 같다.

'하나님이 하라고 하신 말씀을 어떻게 지켜야 하는 거지?' 이 고민을 '아! 나의 미래에 이런이런 일이 생기면 어쩌지?'라는 고민보다 훨씬 더 많이 하도록 하자. 어떻게 하면 주님이 하라는 말씀들을 잘 지키나, 곧 '어떻게 하면 주님이 나로 인하여 기쁠 것인가' 하는 생각을 더 많이 하다 보면 불안한 일들은 생각할 겨를이 없어질 것이다. 그리고 주님 생각보다 더 앞서는 부정적인 생각들 있으면 간단하게 한마디 이렇게 하면 된다!

"예수의 피! 예수의 이름으로 명하노니 나를 떠나라! 불안의 영! 두려움의 영! 짜증의 영! 분노의 영! 시기의 영! 남 판단하는 영! 모두 떠나라! 떠나! 가!"

이런 것을 "대적기도"라고 한다. 우리는 시시때때로 "대적기도"를 사용하여 하나님이 원치 않는 감정들을 대적하라!

성경과 더불어 사는
사람의 복

또 어려서부터 성경을 알았나니 성경은 능히 너로 하여금
그리스도 예수 안에 있는 믿음으로 말미암아
구원에 이르는 지혜가 있게 하느니라
(딤후 3:15)

성경말씀을 읽다 보면 "나 이렇게 못 살아서 어쩌지?" 하는 생각이 들 때가 있다. 그런데 그렇게 생각하는 것이 복이다. 곧 심령이 가난한 자의 복인 것이다.

동시에 "와우! 나 이렇게 살고 있는데!" "아! 이렇게 살고 있어서 이런 복을 내가 받았구나!" 하는 생각이 들 때도 있다. 이렇게 말하는 것 역시 복이다.

말씀대로 못 살면 못 사는 대로 겸손과 하나님의 자비를 배우고 말씀대로 살면 살아가는 것에 대한 감격과 찬양을 배우니, 이래도 감사, 저래도 감사인 것이다. 성경과 더불어 사는 그 삶 자체가 우리에게는 복이다.

배려 받을 때 주어지는 평안

오직 한 가지 일이 있사오니
여호와께서 당신의 종을 용서하시기를 원하나이다
(왕하 5:18)

열왕기하 5장에 보면 나아만 장군이 나병에서 나음을 입고 이 땅에 여호와 하나님만이 유일한 하나님인 것을 인정하게 되었다. 그러한 그가 고국으로 돌아가면 자기가 섬기는 왕이 우상을 섬기니 그 우상한테 절하기는 싫지만 왕이 절을 할 때 왕을 도와서 자기도 몸을 굽혀야 하니 그 일을 용서해 달라고 한다. 그 말에 엘리사는 어떻게 대답하는가?

"절대 그럴 수 없다. 장군 직을 버려라. 그 왕을 떠나서 우상에게 절하지 말라!" 이렇게 말하지 않았다.

"평안히 가라!"라고 말한다. 하나님이 용서하실 것이고 이해하신다는 말이다. 이 상황을 우리가 어떻게 삶에 적용할 수 있을까?

우리 하나님은 각자의 형편을 잘 아신다. 모든 사람의 마음의 동기를 아신다. 그 처한 상황이 얼마나 남들에게 설명하기 힘든 것인지 누구보다도 더 잘 아신다. 내 깊은 속사정을 모든 사람에게 말을 한들 이해받을 수 있을까? 그렇지 못한 상황이 더 많을 것이다. 주일성수, 십일조 해야 하는 것은 교인이라면 누구보다 잘 알고 있지만 피치 못할 상황이 있을 수 있다. 이것뿐만 아니라 설명할 수 없는 상황들이 많이 있을 수 있다. 하나님은 이해해 주시는 일들인데 사람들은 이해 못하고 자기의 잣대를 가지고 이렇게 저렇게 평가를 한다. 예수님 잘 믿는 사람도 우울증에 걸릴 수 있는데 그들에게 왜 예수님 믿으면서 정신이 그렇게 약하냐고, 믿음이 없냐고 따지지 말자. 우리의 제한된 이해력과 판단력으로 알 수 없는 남들의 속사정이 많이 있는 것이다.

하나님이 가장 싫어하시는 우상 숭배임에도 불구하고 그 우상 앞에서 절을 하는 것처럼 보여야 하는 나아만 장군의 심정을 하나님은 알고 계심을 통해 하나님의 사랑은 우리의 생각과 상상과 이해를 모두 초월하신다는 것을 알 수 있다.

오늘도 나의 연약함을 공격하고 고발하고 따지려 드는 많은 일들 앞에서 당당히 나의 중심을 아시고 이해하실 하나님만을 바라보고 감사로 승리하는 삶을 살아내자.

23

영성의 맷집 키우기

르우벤 자손과 갓 사람과 므낫세 반 지파에서
나가 싸울 만한 용사 곧 능히 방패와 칼을 들며 활을 당겨
싸움에 익숙한 자는 사만 사천칠백육십 명이라
(대상 5:18)

"싸움에 익숙한 자"라는 말은 그들이 싸움에 익숙해지고 무기들을 능숙하게 다루기까지 반복해서 훈련했다는 뜻이다. 수없이 칼에 베이고, 팔이 끊어질 것 같은 고통을 참아내며 방패를 들었다 놨다를 반복하고, 손가락의 살이 트고 온몸에 근육을 쥐어짜는 고난을 견디며 활시위를 당겨 훈련했다는 것이다. 전쟁터에서 생사를 건 수많은 전쟁을 통해 모든 일을 재빠르게 상황판단 할 힘을 길렀다는 것이다. 이것은 하루아침 단번에 되지 않는 것이다.

이와 마찬가지로 그리스도인으로서 좋은 군사, 정예 군사, 리더가 되는 이 모든 일들이 다 하루아침에 되는 것이 아니다. 수없이 넘어지고, 쓰러지고, 두드려 맞고, 찔리고, 상처

받고 또 전쟁터에 나가고 이러면서 영성의 맷집을 키워야 하는 것이다. 반복되는 영성 훈련 없이 하루아침에 리더가 절대 되지 않는다.

그러므로 오늘도 넘어지는 자신을 보면서 "영적 맷집"을 키우는 시간이라고 여기며 용기의 방패를 들어 봄이 어떨까?

24

하나님의 때를 신뢰하기

사울이 죽은 것은 여호와께 범죄하였기 때문이라
그가 여호와의 말씀을 지키지 아니하고 또 신접한 자에게 가르치기를 청하고
(대상 10:13)

사람이 태어나면 죽는 것은 당연한 일이다. 그런데 죽음의
이유, 그러니까 어떻게 죽는가 하는 것은 다 다르다. 역대상
에서는 사울이 왜 죽었는지 분명하게 그 이유를 밝히고 있다.
바로 '범죄하였기'에 그 벌로 죽음에 이르게 된 것이다.

병을 앓다가 죽는다고, 사고로 죽는다고 해서 그것을 전부
'벌'이라고 할 수는 없다. 그러나 우리 죄의 결과인 '벌'로 일어
나는 재앙은 있을 수 있다는 것이다. 요즘 나를 둘러싼 일들
이 무섭고 두렵고 걱정스럽고 슬플 때 스스로에게 이런 질문
을 해보자. "하나님께 죄를 지어서 지금 벌을 받는 것인가?"
그 질문에 자책할 것이 없다면 두려워할 필요 없다. 하나님이
다 도와주신다!

아무리 상황이 힘들어도 하나님은 거기에 적합한 도움을, 놀랍게도 창세전부터 계획해 두셨음을 기억해야 한다. 단지 내가 그 계획이 실현되는 때를 알 수 없다고 해서, 그것이 하나님의 선한 계획에 대한 '의심의 자격'을 부여하는 수단이 되어서는 안 된다.

25

잘못된 선택에서
돌이키는 믿음

여호와께서 능히 이보다 많은 것을 왕에게 주실 수 있나이다 하니라
(대하 25:9)

우리는 실수가 잦은 인간이기에 삶의 여정 가운데 이런저런 이유로 '잘못된 선택'을 할 수도 있다. 그런데 그 잘못된 선택에서 돌이키려면 나름 그 값을 지불해야 하는 일들이 있다는 것이다. 하나님이 어떤 분인가? 우리의 회복을 기뻐하신다! 우리들에게 잃은 것 하나도 없이 다시 다 돌려주기를 원하는 것이 우리 하나님 아버지의 마음인 것이다. 지금 잃어버렸다고 생각되는 것이 있는가? 하나님은 그 모든 것을 돌려받을 수 있게 해주시는 분이다!

하나님은 우리의 '회복'에 집중하고 계신다. 그리고 '온전한 순종'을 요구하신다. 어떤 것에 순종하게 되면 무언가를 잃어버리게 될 것 같다는 두려움은 전혀 가질 필요가 없는 것

이다. 역대하 25장 9절에서 아마샤에게 한 말씀처럼 하나님은 능히 우리가 잃어버렸다고 생각하는 것보다 더 많은 것을 주실 수 있는 분이다!

우리는 이미 예수님 딱 한 분만으로 넘치도록 과분한 복을 받은 인생이다. 주님을 만나 주님을 더더욱 배워 가는 과정에서 때로는 실패와 좌절을 겪고 상실감을 느낄 수 있으나, 주님 안에서 온전한 회복이 있다. 내가 잃었다고 생각하는 것보다 더 많은 것을 주실 수 있는 하나님을 신뢰하라!

26

하나님을 향한 '특심'

그 다음은 삽배의 아들 바룩이 한 부분을 힘써 중수하여
성 굽이에서부터 대제사장 엘리아십의 집 문에 이르렀고
(느 3:20)

느헤미야 3장에는 무너졌던 예루살렘 성을 중수해 가는 과정이 설명되고 있는데, 유독 20절의 삽배의 아들 바룩은 "힘써 중수"하였다고 표현한다. 영어로는 'zealously', 바로 '열정을 다하여!'라는 것이다. 하나님을 향해 '특심'이 있었다는 게 아닐까?

그런 사람들에게 나는 도전의식을 느낀다. 하나님을 사랑하고 섬기는 사람들이 많다. 그런데 똑같이 사랑하고, 똑같이 전도하고, 똑같이 감사해도 특별히 하나님 눈에 띄는 사람이 있을 법하다. 그건 과연 어떤 사람일까?

힘써 하는 사람! 열정이 있는 사람! 뜨거움이 있는 사람! 이런 사람들은 같은 일을 해도 티가 난다. 감사를 해도 "힘

써!" 사랑을 해도 "힘써!" 칭찬을 해도 "힘써!" 어떤 일을 해도 힘써 하는 사람들! 곧 열정이 있는 사람들인 것이다.

적당히 감사하고, 적당히 섬기고 적당히 편하게 하는 사람들이 죄를 짓고 있다는 것은 아니다. 그러나 "힘써" 한다는 칭찬은 듣지 못하는 것이다. 나는 "적당히"가 아니라 "힘써!" 기도하고, 힘써 성경도 읽고, 힘써 전도도 하고 힘써 감사도 하며 살아가고 싶다!

주님 보시기에 기쁘신 일들에 평생 지치지 않는 '힘씀'이 나에게 있기를 기도한다.

27

주님의 이름을
부름으로 말미암아!

내가 그들로 나 여호와를 의지하여 견고하게 하리니
그들이 내 이름으로 행하리라 나 여호와의 말이니라
(슥 10:12)

곤고한 날, 마음이 힘든 날, 몸도 같이 아픈 날, 답답한 날, 사방이 우겨 쌈을 당하는 것 같은 그런 날, 외로운 날, 무기력한 날, 내 뜻대로 무언가 안 된다고 여겨지는 날, 비보를 접하는 날, 누군가 나를 비판하는 말을 전해 듣게 되는 날, 내가 한 일에 대해 그 누구도 인정해 주지 않은 것 같은 날, 아무도 나에게 관심이 없는 것 같은 그런 날….

이런 날 우리가 견고하게 마음을 추스를 수 있는 비결은 다른 데 있지 않다. "여호와를 의지하여"야만 한다! 다른 왕도가 있지 않다. 단순하게 하나님에게 고백해야 한다.

"주님! 의지합니다! 주님을 의지하고 또 의지하고 또 의지합니다! 아무런 다른 길이 없습니다. 바라볼 곳도 없습니다.

기대할 곳도 없습니다. 오직 주님뿐입니다!"

기도할 것이 너무 많아 구구절절 말로 못할 때는 그냥 "주여! 주여! 주여!" 하고 가는 곳마다 주님의 이름을 부르도록 한다! 주님의 이름을 부른다는 것은 그분을 의지한다는 것이다. 이렇게 주님의 이름을 불러야 내 마음을 지킬 수 있다. 사람을 의지하는 것이 아니라, 건강을 의지하는 것이 아니라, 물질을 의지하는 것이 아니라 여호와를 의지하는 것이 바로 우리의 마음을 견고하게 지킬 수 있는 비결이 되는 것이다.

28

나는 평안한가?

여호와께 감사하라 그는 선하시며 그 인자하심이 영원함이로다
(시 136:1)

우리는 평소 하나님이 하신 말씀에 항상 최종적인 권위와 능력이 있음을 얼마나 인정하며 살아가고 있는가?

내가 몸에 이상이 있다고 가정해 보자. "이렇게 아픈 걸 보니 아마도 큰 병인 것 같은데…. 어쩌지? 정말 중병이면?" 하고 온갖 걱정이 다 들기 시작한다. 그런데 병원에 가서 검사받고 의사가 "별일 아닙니다. 좀 쉬시면 됩니다. 영양제 하나 맞고 가시면 됩니다!" 이렇게 말하면 안도의 쉼을 쉬게 된다. 그리고 내 몸에 대해 잘 몰랐던 스스로를 돌아보면서 '그래도 큰 병 아니라고 하니 다행이네….' 하는 생각을 하게 된다.

내 인생의 가장 완전한 '전문의'는 누구인가? 바로 하나님이시다! 하나님이 나를 만드셨으니 내 세포 그 어느 것 하나

모르는 것이 있으시겠는가? 나에게 병이 있고 없고 이런 차원을 뛰어넘어, 그분은 나의 인생에 일어나는 모든 일들, 재정, 건강, 관계…. 모든 일들을 주관하는 분임을 기억해야 한다.

그분은 오늘도 나를 진단하신다. 그리고 쿨하게 한마디 하신다. "괜찮아! 이것도 지나갈 거야! 너 혼자 가는 길이 아님을 알고 있지? 내가 너와 함께한다! 너를 도와주리라! 나의 의로운 손으로 내가 너를 도와주리라!" 이런 말씀을 들으면 우리는 당연히 평안해야 하는 것이다. 혼자가 아니라 하나님께서 함께하신다! 그리고 이 어려움도 다 지나가는 일들인 것이다.

드라마에서 주인공은 누구인가? 끝까지 죽지 않는 사람이라고 하지 않던가? 어떤 일이 있어도 주인공은 드라마가 끝날 때까지 남아 있게 되어 있다. 주님이 주인공인 나를 끝까지 남겨두지 않으시겠는가! 우리는 하나님이 하라는 것만 하면 되는 것이다.

29

고통당하고 있는 자들을 위해서는
이렇게 중보하라!

지금 나의 증인이 하늘에 계시고 나의 중보자가 높은 데 계시니라
(욥 16:19)

기독교는 부활의 종교이자, 용서의 종교이다. 물론 우리는 십자가의 고난을 이야기해야만 한다. 그러나 그 십자가 고난으로 인하여 우리 모두에게 승리를 가져다준 부활의 삶이 있다는 것을 아는 것이 더 중요하다. 고난의 삶에만 묶여 있는 것은 온전한 그리스도인이 아니다. 고난의 십자가가 중요한 것만큼, 부활의 승리를 만끽하는 그리스도인으로서의 삶도 중요하다.

그러므로 고통당하고 있는 사람들을 대할 때, 그들의 아픔을 함께 겪는 것도 중요하지만 그 아픔을 딛고 이겨 낼 수 있는 승리와 기쁨에 대해 나누는 것이 더더욱 중요하다. 그들을 위해 기도할 때도 그 아픔을 내 아픔처럼 느끼게 해달라는 것

도 아름답지만, 그 고통을 내가 겪게 해달라는 기도는 지혜롭지 못하다. 고통당하는 사람에게 필요한 것은 그가 얼마나 아픈지를 내가 이해하는 것이 아니라, 그 아픔이 나아야 하는 것이다!

이웃의 아픔을 내가 대신 지게 해달라고 그 고통을 나에게 달라고 하는 것은 그 고통을 하나님이 그 사람에게 주었다는 이야기가 되는데, 주님이 우리에게 고통을 주고 싶어 하는 분일 리가 없다. 내가 대신 아프게 해달라는 것은 마귀에게 권세를 주는 일이 될 뿐이다. 그런 어리석은 기도는 하지 말자. 대신 고통당하는 사람들이 그 아픔으로부터 자유함을 받게 해달라고 "예수의 피!" "예수의 이름!"으로 담대히 나아와서 모든 질병과 고난에 대한 대적 기도를 하자!

30

'벌써' 모든 일을 행하셨다

눈을 들어본즉 벌써 돌이 굴려져 있는데 그 돌이 심히 크더라
(막 16:4)

예수님이 십자가에 달려 돌아가시고 무덤을 찾은 여인들이 있었다. 찾아가는 길에 "무덤에 있는 그 돌을 누가 굴려 줄까?" 하는 고민과 걱정을 수도 없이 했을 것이다. 하지만 마가복음 16장에서는 무덤 앞에 있던 돌이 굴려져 있었다고 말씀한다. 미리 걱정했던 일은 '벌써' 해결되어 있었던 것이다.

무덤을 찾아가던 여인들은 이 땅과 하늘의 구세주가 될 줄 알았던 예수님, 그토록 의지하고 믿었던 구세주가 돌아가신 막막한 현실 가운데 놓여 있었다. 예수님이 부활하실 것을 믿고 장사된 그분을 찾아간 것은 아니었지만, 그 여인들의 믿음과는 상관없이 예수님은 살아나신 것이다.

우리들의 현실에도 '이미 죽어 버린 일'이라고 여겨지는 것

들이 많다. 하나님이 아무리 우리에게 희망의 메시지를 주셨다고 해도 막상 우리 앞에 닥친 현실을 보면 딱히 '부활의 가능성'은 조금도 보이지 않기 때문이다. 그런데 성경은 "벌써"라는 말을 사용하고 있다. 하나님이 이미 그 돌을 옮기신 것이다. 그렇다면 우리에겐 이미 옮기신 것에 대한 감동이 필요하지 않을까?

우리의 모든 필요를 아시며, 우리가 입 밖으로 어떤 말을 하기도 전에 주님은 모든 상황을 알고 계신다. 그러니 "주여!" 이 외마디에도 우리의 모든 필요를 '이미' 알고 계시며, 심지어 우리에게 필요한 모든 답을 준비하신 하나님이시다. 옮겨져야 할 무거운 돌이 무엇이든 간에 이미, 벌써 그 모든 일들을 행하신 하나님을 찬양하자!

31

하나님 앞에 충성된 병사

산에서 무리의 소리가 남이여 많은 백성의 소리 같으니
곧 열국 민족이 함께 모여 떠드는 소리라
만군의 여호와께서 싸움을 위하여 군대를 검열하심이로다
(사 13:4)

"군대를 검열하심이로다" 이 말씀이 마음에 와 닿는다. 언젠가 하나님의 진노가 이 땅에 시작될 것이다. 전쟁 시작 전에 마땅히 있어야 하는 것이 바로 '검열'이다. 검열이 마치면 전쟁은 시작되는 것이다. 하나님의 심판은 우리에게 있다. 이 심판이 무서운 사람이 있겠지만, 반면 기다려지는 사람도 있을 것이다.

디모데전서 2장 4절에도 군대 이야기가 나온다. '병사로 복무하는 자는 자기 생활에 얽매이는 자가 하나도 없나니 이는 병사로 모집한 자를 기쁘게 하려 함이라'라는 말씀이다. 우리는 병사로 부름 받은 사람이니 전쟁 준비를 열심히 해야 하고, 훈련도 열심히 받는 것이 삶의 우선순위가 되어야 한다.

이 땅에 마지막이 오는데, 그 누구도 언제 그날이 임할지는 모른다.

오늘도 우리는 주님이 전쟁의 시간을 결정하시기 전, 병사들을 검열하는 그 반열에 서 있다. 매일 받아야 할 훈련을 충성되게 잘 받을 수 있도록 기도해야 하며, 병사로 마땅히 가져야 할 태도와 생각 이외의 것들에 시간, 감정, 힘을 소모하지 않도록 해야 한다.

우리들은 어쩌면 너무 나의 일, 감정, 시간, 목표, 부, 명예, 상처 이런 것에 대한 생각으로 주님이 하시는 '검열'의 중요성을 잊고 살지는 않은가 생각해 본다.

우리의 관심은 좀 더 '주님의 나라의 것들'에 초점을 두어야 할 것이다!

하나님을 더욱
의지하게 되는 길

그 날에 이스라엘의 남은 자와 야곱 족속의 피난한 자들이
다시는 자기를 친 자를 의지하지 아니하고
이스라엘의 거룩하신 이 여호와를 진실하게 의지하리니
(사 10:20)

우리는 이 짧은 인생을 살아가면서 이런저런 일 참 많이도 겪는다. 그러나 그때마다 우리가 하나님을 더 의지하게 되었다면 우리는 아주 잘 살고 있는 것이다.

돈이 있어야 하는데 없는가? 이번 달은 얼마 정도 벌어야 하는데 그렇지 못 한가? 그래서 기도를 더 하게 되었는가? 하나님께 더 간절한 마음으로, 그분만을 의지한다는 기도로 나아갈 수밖에 없는 일이 생겼다면 우리는 감사해야 한다! 마땅히 들어와야 하는 그 수입을 의지하기보다는 하나님을 더 의지하게 되었으니 말이다.

건강도 마찬가지고, 모든 관계에 있어서도 마찬가지다. 건강했을 때 바라보지 않았던 하나님을 건강이 염려되는 일이

생기기 시작해서 의지해야 하는 상황이 되었다면, 우리는 감사해야 한다. 하나님을 더 의지하게 된 것은 사실이니까 말이다.

나를 이해하지 못하는 사람을 만났는가? 우리는 스스로 설명하지 않아도 나를 1000% 알고 계신 주님을 더 의지하게 되었으니 이 또한 감사한 일인 것이다!

내가 주님보다 더 의지한 것들이 무엇인가 돌아보게 만들어 주는 모든 환경들을 우리는 감사할 수 있어야 한다!

33

가난한 자를 도울 때
하나님이 베푸시는 것

가난한 자를 불쌍히 여기는 것은 여호와께 꾸어 드리는 것이니
그의 선행을 그에게 갚아 주시리라
(잠 19:17)

빚! 빚지고는 못사는 사람이 있는데 그런 사람들은 아마 하나님 성격 중의 하나를 꼭 닮은 사람이 아닌가 한다. 하나님은 빚을 지면 꼭 갚으신다. 그런데 하나님이 빚을 지는 사람이 있을까? 성경에는 있다고 한다.

'가난한 자를 불쌍히 여기는 것은 여호와께 꾸어 드리는 것이니 그의 선행을 그에게 갚아 주시리라'

하나님에게 무엇인가를 꾸어 주는 사람이란? 가난한 사람을 불쌍히 여기는 사람! 가난한 사람을 불쌍히 여기는 일에는 어떤 일이 있을까? 꼭 그들이 필요한 물질을 주지 않는다 해도 그들을 귀히 여기는 마음, 소중히 여기는 마음, 기도해 주는 마음 이런 모든 마음들도 그들에게 주는 재물 못지않게 그

들을 불쌍히 여기는 일들이 아닌가 한다.

가난한 자를 불쌍히 여기는 것을 영어성경에서는 'He who is kind to the poor'이라고 표현한다. "불쌍히"라는 말을 'kind'라고 했으니 곧 "친절한"이라는 의미다. 가난한 자들을 무시하지 않고 그들에게 친절한 행동과 말과 도움을 주는 사람들은 곧 "여호와께 꾸어 드리는 사람들"이 된다는 것이다. 그러한 자들은 하나님이 어떻게 해주시는가?

"그의 선행을 그에게 갚아 주시리라."고 말씀한다. 영어로는 "상을 주신다."라고 나와 있다. 그러니 그 상은 이 땅에서 받을 수 있기도 하지만 이 땅에서 안 받으면 하늘에서는 꼭 받게 된다는 것이다.

우리 인생이 이 땅에서만 국한되는 것이 아니고 천국으로 이어지는 것이니 우리가 한 선행이 단 한 가지도 받는 상 없이 그냥 넘어가는 것은 없다는 이야기가 된다. 이 땅에서 주님이 혹시 안 갚아 주시면 하늘에서는 꼭 받게 되는 '상!'

하늘에서 받을 때까지 이 땅에서 안 받는다면 이자가 엄청 늘겠지? 주님은 꼭 갚으신다 했으니 이 땅에서 안 갚으시면? 이자는 쌓이고 또 쌓이고…. 그것도 완전 높은 이자! 하늘에서 내가 이 땅에서 못 받은 선행의 상 모두 다 갚아 주신다 생각하면 이 땅에서 내게 돌아오는 것이 아무것도 없다 해도 우리는 열심히 선행을 행함이 삶의 지혜가 될 것이다.

내 주위에 가난한 사람이 많은 것은 나로 하여금 매일매일 하나님에게 꾸어 주는 일들의 기회가 되는 것이고, 그 기회는 영원토록 내가 받을 커다란 상을 쌓아 두는 기회가 된다는 것이다. 그러니 내 주위에 가난한 사람들을 만나는 것이 마음의 부담이 아니라 감사가 되어야 한다는 이야기로 삶의 적용을 할 수 있을 것 같다.

주님, 오늘도 주님께 돈 꿔 드릴게요! 천천히 갚으셔도 됩니다! 하늘에서 갚으셔도 됩니다! 이자 엄청 쌓일 터인데 저에게는 그것이 더 좋습니다. 이 땅에서 갚으시면 그거 또 제가 "통로"가 되는 것이지만 하늘에서 갚으시면 다 제 겁니다!

더 실속 있는 거 그거네요 주님? 내 거 챙기려면 주님이 가능한 저에게 이 땅에서는 안 갚아 주시는 것이 좋습니다. 그래야 하늘에서는 내가 통로 되어야 할 일이 없으니 주님 내게 갚아주는 모든 거 다 누구 거? 내 것! 나도 부자 되고 싶어요. 하늘에서요!

34

우리의 신음을
그대로 들으시는 하나님

그러나 하나님이 실로 들으셨음이여
내 기도 소리에 귀를 기울이셨도다
(시 66:19)

연약한 인간인 우리도 죽어가는 사람이 신음하고 상한 자가 부르짖으면 긍휼한 마음으로 그를 돌아본다. 나의 경우, 어려움에 처한 사람들을 만날 때 상담을 해주거나 선물 혹은 밥을 사 주기도 하고 기도도 해준다. 그것은 그들의 신음을 듣고 있다고 말해 주는 것이기도 하고 그들의 부르짖음에 대한 내 나름의 응답인 것이다.

이렇게 나같이 연약한 인간도 할 수만 있다면 최선을 다하여 어려운 사람들을 돕고자 하는데 완전한 하나님이 우리의 신음을 듣지 않으실 리가 있을까? 상한 자가 부르짖을 때 하나님은 그들을 꼭 돌아보시는 분이다. 하나님은 우리의 신음을 듣지 않는다고 속삭이는 마귀의 음성을 대적하라!

세상이 아닌,
하나님 말씀에 귀 기울이기

이 백성이 반역자가 있다고 말하여도 너희는 그 모든 말을 따라
반역자가 있다고 하지 말며 그들이 두려워하는 것을 너희는 두려워하지 말며
놀라지 말고 만군의 여호와 그를 너희가 거룩하다 하고
그를 너희가 두려워하며 무서워할 자로 삼으라

(사 8:12-13)

항간에 '3포'라는 이야기를 많이 한다. 연애를 포기하고 결혼을 포기하고 출산을 포기하고… 요즘은 4포에서 7포, 그리고 9포까지 이야기가 나왔다고 한다. 그러나 그것이 성경이 말하고 있는 것인가? 그렇지 않다는 것이다! 그럼 성경은 뭐라고 말씀하시는가?

"여호와는 해요 여호와는 방패시라!" 어두운 길을 밝히 비추어 주시고 인도해 주시고 위험을 막아 주시고 수치를 가려 주시고 보호해 주시고 성경 어디에 3포라는 말이 있는가 말이다! 우리는 세상이 하는 말에 귀를 기울이면 안 된다.

세상은 3포가 아니라 9포, 100포 포기해야 할 것들의 리스

트를 줄지언정 성경은 우리에게 "이 백성이 반역자가 있다고 말하여도 너희는 그 모든 말을 따라 반역자가 있다고 하지 말며 그들이 두려워하는 것을 너희는 두려워하지 말며 놀라지 말고 만군의 여호와 그를 너희가 거룩하다 하고 그를 너희가 두려워하며 무서워할 자로 삼으라"라고 말씀하시는 것이다!

여호와는 해요 방패라

| **초판 1쇄 발행** | **2018년 11월 01일** |
| **6쇄 발행** | **2019년 06월 03일** |

지은이	임은미
발행인	이영훈
편집인	김형근
편집장	박인순
기획·편집	강지은
디자인	김한희

펴낸곳	교회성장연구소
등 록	제 12-177호
주 소	서울특별시 영등포구 여의공원로 101 CCMM빌딩 7층 703B호
전 화	02-2036-7928(편집팀)
팩 스	02-2036-7910
쇼핑몰	www.icgbooks.net
홈페이지	www.pastor21.net
페이스북	www.facebook.com/pastor21

ISBN | 978-89-8304-283-5 03230

"무슨 일을 하든지 마음을 다하여 주께 하듯 하라" (골 3:23)

교회성장연구소는 한국 모든 교회가 건강한 교회성장을 이루어 하나님 나라에 영광을 돌리는 일꾼으로 성장하는 것을 목표로, 목회자의 사역은 물론 성도들의 영적 성장을 도울 수 있는 필독서들을 출간하고 있다. 주를 섬기는 사명감을 바탕으로 모든 사역의 시작과 끝을 기도로 임하며 사람 중심이 아닌 하나님 중심으로 경영한다. "무슨 일을 하든지 마음을 다하여 주께 하듯 하라"는 말씀을 늘 마음에 새겨 하나님께서 주신 사명을 기쁨으로 감당한다.